TELEVISÃO

RAYMOND WILLIAMS

TELEVISÃO

tecnologia e forma cultural

Tradução
MARCIO SERELLE e MÁRIO F. I. VIGGIANO

Prefácio
GRAEME TURNER

© desta edição, Boitempo, 2016
© Raymond Williams, 1974
© Prefácio à edição da Routledge Classics, Roger Silverstone, 2003
Todos os direitos reservados
Tradução autorizada a partir da edição em língua inglesa pela Routledge, um membro de Taylor & Francis Group
Título original: *Television. Technology and Cultural Form*

DIREÇÃO EDITORIAL	Ivana Jinkings	EQUIPE DE APOIO	Allan Jones, Ana Yumi Kajiki, Artur Renzo,
EDIÇÃO	Isabella Marcatti		Bibiana Leme, Eduardo Marques, Elaine Ramos,
COORDENAÇÃO DE PRODUÇÃO	Livia Campos		Giselle Porto, Ivam Oliveira, Kim Doria, Leonardo
ASSISTÊNCIA EDITORIAL	Thaisa Burani		Fabri, Marlene Baptista, Maurício Barbosa, Renato
REVISÃO	Thais Rimkus		Soares, Thaís Barros, Tulio Candiotto
CAPA	David Amiel		
DIAGRAMAÇÃO	Antonio Kehl		

CIP-BRASIL. CATALOGAÇÃO NA PUBLICAÇÃO
SINDICATO NACIONAL DOS EDITORES DE LIVROS, RJ

W69t

Williams, Raymond, 1921-1988
Televisão : tecnologia e forma cultural / Raymond Williams ; tradução Marcio Serelle ;
Mário F. I. Viggiano. - 1. ed. - São Paulo : Boitempo ; Belo Horizonte, MG : PUCMinas, 2016.

Tradução de: Television : technology and cultural form
Apêndice
Inclui bibliografia e índice
ISBN 978-85-7559-504-6 (Boitempo) ; 978-85-8229-039-2 (PUC-Minas)

1. Comunicação de massa - Aspectos sociais. 2. Comunicação e cultura. 3. Comunicação -
Aspectos econômicos. 4. Indústria cultural. 5. Comunicação - Inovações tecnológicas.
I. Serelle, Marcio. II. Viggiano, Mário F. I. III. Pontifícia Universidade Católica de Minas
Gerais. IV. Título.

16-34493
CDD: 302.2
CDU: 316.77

É vedada a reprodução de qualquer parte deste livro sem a expressa autorização da editora.

1ª edição: agosto de 2016

BOITEMPO EDITORIAL
Jinkings Editores Associados Ltda.
Rua Pereira Leite, 373 – 05442-000 São Paulo SP
Tel./fax: (11) 3875-7250 / 3875-7285
editor@boitempoeditorial.com.br | www.boitempoeditorial.com.br | www.blogdaboitempo.com.br
www.facebook.com/boitempo | www.twitter.com/editoraboitempo | www.youtube.com/tvboitempo

PONTIFÍCIA UNIVERSIDADE CATÓLICA DE MINAS GERAIS

GRÃO-CHANCELER	Dom Walmor Oliveira de Azevedo
REITOR	Dom Joaquim Giovani Mol Guimarães
VICE-REITORA	Patrícia Bernardes
PRÓ-REITOR DE PESQUISA	Sérgio de Morais Hanriot
E DE PÓS-GRADUAÇÃO	

EDITORA PUC MINAS

DIRETOR	Paulo Agostinho Nogueira Baptista	CONSELHO EDITORIAL	Edil Carvalho Guedes Filho,
COORDENAÇÃO EDITORIAL	Cláudia Teles de Menezes Teixeira		Eliane Scheid Gazire, Flávio
ASSISTENTE EDITORIAL	Maria Cristina Araújo Rabelo		de Jesus Resende, Leonardo
REVISÃO	Virgínia Mata Machado		César Souza Ramos, Lucas de
DIVULGAÇÃO	Danielle de Freitas Mourão		Alvarenga Gontijo, Luciana Kind
COMERCIAL	Maria Aparecida dos Santos Mitraud		do Nascimento, Luciana Lemos de
			Azevedo, Márcio de Vasconcelos
			Serelle, Pedro Paiva Brito, Renato
			Alves de Oliveira, Rita de Cássia
			Fazzi, Rodrigo Baroni de Carvalho,

Rua Dom Lúcio Antunes, 180 – Coração Eucarístico 30535-630 Belo Horizonte MG
Tel.: (31) 3319-9904
editora@pucminas.br | www.pucminas.br/editora

Sérgio de Morais Hanriot, William
César Bento Régis

SUMÁRIO

PREFÁCIO À EDIÇÃO BRASILEIRA, *Graeme Turner* | 7

PREFÁCIO À EDIÇÃO DA ROUTLEDGE CLASSICS, *Roger Silverstone* | 13

PREFÁCIO À SEGUNDA EDIÇÃO, *Ederyn Williams* | 19

PREFÁCIO | 21

1. A TECNOLOGIA E A SOCIEDADE | 23

2. INSTITUIÇÕES DA TECNOLOGIA | 43

3. AS FORMAS DA TELEVISÃO | 55

4. PROGRAMAÇÃO: DISTRIBUIÇÃO E FLUXO | 89

5. EFEITOS DA TECNOLOGIA E SEUS USOS | 129

6. TECNOLOGIA ALTERNATIVA, USOS ALTERNATIVOS? | 145

BIBLIOGRAFIA SELECIONADA | 165

LISTA DE ENTIDADES | 171

POSFÁCIO: POR QUE TRADUZIR TELEVISÃO, *Marcio Serelle, Mario Viggiano e Ercio Sena* | 173

SOBRE O AUTOR | 179

APÊNDICE | 181

ÍNDICE REMISSIVO | 185

PREFÁCIO À EDIÇÃO BRASILEIRA

Raymond Williams publicou *Televisão: tecnologia e forma cultural* em 1974[1], quando os estudos de mídia consolidavam-se como uma atividade legítima na universidade britânica. A sociologia das mídias, a economia política das mídias e a área emergente dos estudos culturais abriam um campo anteriormente ignorado pelas disciplinas tradicionais nas humanidades e nas ciências sociais – na maioria dos casos porque a televisão, como meio popular de entretenimento, não era digna de estudo. No início da década de 1970, isso havia mudado significativamente. O Centro de Estudos Culturais Contemporâneos (Centre for Contemporary Cultural Studies – CCCS) estava a todo vapor em Birmingham, desenvolvendo análises culturalistas de textos midiáticos; o Centro de Pesquisa em Comunicação de Massa da Universidade de Leicester produzia estudos sobre as mídias de massa que tinham uma forte dimensão empírica; e o Grupo de Mídias de Glasgow, da Universidade de Glasgow, conduzia a pesquisa sobre noticiários que logo seria publicada na série de livros iniciada com *Bad News*[2]. O livro de Williams, embora deva ser contextualizado nesse conjunto de avanços, não se encaixou facilmente em nenhuma das abordagens de seu tempo – pelo menos, não a princípio. Contudo, quando os estudos sobre o meio finalmente alcançaram o pensamento de Williams, a obra tornou-se um dos pontos de referência basilares para sucessivas gerações de pesquisadores em televisão, de perspectivas disciplinares variadas.

Embora os estudos de televisão tenham se beneficiado de muitas formas das discussões que Williams faz em *Televisão: tecnologia e forma cultural*, quero ressaltar dois dos elementos-chave da contribuição deste livro. Primeiro, quando discute a televisão tanto como tecnologia quanto como forma cultural,

---

[1] Raymond Williams, *Television: Technology and Cultural Form* (Londres, Fontana, 1974).

[2] Glasgow Media Group, *Bad News* (Londres, Routledge and Kegan Paul, 1976).

Williams rejeita amplamente os relatos dos efeitos sociais da tecnologia que ficaram identificados com alguns aspectos principais da pesquisa norte-americana sobre comunicação de massa – pesquisa que, na verdade, o havia influenciado fortemente na obra anterior, *Communications*[3]. Segundo, e em contraste com o que começava a ser tornar uma abordagem fortemente textualista da mídia nos primeiros estudos culturais, Williams tinha uma perspectiva diferente para a análise do texto televisivo: ele focava as estruturas tecnológicas do meio para investigar como elas atuam na determinação das características das formas textuais da televisão. O impacto dessas abordagens no campo foi profundo. A celebrada descrição que Williams fez do "fluxo" televisivo – relato do primeiro encontro dele com a TV norte-americana em um hotel em Miami – é uma das passagens mais citadas na literatura internacional sobre televisão. A partir dessa experiência, ele deduziu que a televisão não era estruturada por unidades separadas nem dividida entre programas e anúncios publicitários. Em vez disso, ele percebeu um "fluxo planejado, em que a verdadeira série não é a sequência publicada de programas, mas essa sequência transformada pela inclusão de outro tipo de sequência, de modo que essas sequências juntas compõem o fluxo real, a real 'radiodifusão'"[4]. Através dos anos, essa análise tem sido contestada e revisada de muitas formas, entre as quais a mais efetiva foi, talvez, a proposta de John Ellis[5] de que a televisão opera por segmentos, não por programas. Ao longo do tempo, a ideia de fluxo foi também superada na medida em que a radiodifusão cedeu lugar a outras plataformas que – como Williams havia previsto – influenciaram a estrutura das formas textuais que veiculam. O que permanece, contudo, mesmo depois que a noção de fluxo perdeu em importância, é a característica marcante da abordagem que Williams faz da televisão como experiência cultural: uma experiência engendrada pela articulação complexa entre práticas produtivas, determinantes tecnológicos e econômicos e a função social da televisão dentro do lar – assim como as estruturas formais dos gêneros televisivos individuais. É notável como essa abordagem multiperspectivada ainda se coaduna bem com as abordagens mais frequentemente recomendadas na literatura dos estudos contemporâneos sobre televisão.

---

[3] Raymond Williams, *Communications* (Londres, Penguin, 1962).

[4] Ver p. 100 deste volume.

[5] John Ellis, *Visible Fictions: Cinema, Television, Video* (Londres, Routledge and Kegan Paul, 1982).

A segunda seção mais influente de *Televisão* é o Capítulo 5, em que Williams dedica-se aos chamados "efeitos" da tecnologia televisiva. No que aos poucos se constitui em um ataque mordaz às pesquisas empiristas de comunicação de massa e às ideologias do determinismo tecnológico, Williams recusa a proposição de que a televisão – como uma tecnologia – exerce efeito causal, determinante sobre o comportamento humano. Se tal proposição fosse verdadeira – no que se refere a qualquer mídia, seja a impressa, seja a televisiva –, "todas as outras causas, todas aquelas que os homens habitualmente entendem como história, estão imediatamente reduzidas a efeitos"[6]. A história, Williams reafirma, é a força primária determinante, porque ela nos produz, assim como produz a televisão. Entre aqueles que estão no lado oposto desse debate, Williams reserva sua crítica mais contundente a Marshall McLuhan, cujo trabalho é descrito como "risível". O determinismo tecnológico, que ele identifica no privilégio que McLuhan confere às tecnologias da televisão, é tratado com desprezo e, em seu lugar, Williams fornece uma explicação mais sutil, implicitamente historicizada, da determinação das práticas culturais, instituições ou tecnologias, ainda pertinente e útil hoje:

A realidade da determinação é estabelecer limites e exercer pressões, dentro dos quais as práticas sociais variáveis são profundamente afetadas, mas não necessariamente controladas. Trata-se de pensar a determinação não como uma única força ou uma única abstração de forças, e sim como um processo em que fatores determinantes reais – a distribuição de poder ou de capital, a herança social e física, as relações de escala e de tamanho entre grupos – colocam limites e exercem pressões, mas não controlam nem preveem completamente o resultado de uma atividade complexa dentro ou nesses limites, sob ou contra essas pressões.[7]

Como Fred Inglis escreveu em sua biografia sobre Raymond Williams, a cultura, como forma, "tanto resulta das tecnologias como molda o que elas irão produzir", mas a cultura, "compreendida como poder e capital, tenta sempre fazer com que a tecnologia realize o que o lucro e a política preferem"[8].

---

[6] Ver p. 136 deste volume.

[7] Ver p. 139 deste volume.

[8] Fred Inglis, *Raymond Williams* (Londres/Nova York, Routledge, 1995), p. 236.

Nos últimos anos, em que a emergência do digital provocou ondas do que descrevi em outro lugar como "otimismo digital"[9], estaríamos mais bem servidos se mais pessoas tivessem se lembrado das formulações de Williams. Demasiados relatos sobre convergência e novas mídias têm assumido uma relação causal entre desenvolvimento de novas tecnologias e mudança social. Os exemplos vão desde debates sobre a democratização inerente ao desenvolvimento da internet à proposição de que o controle das mídias agora passou às pessoas "anteriormente conhecidas como audiência"[10]. Conforme Williams nos ensinou, contudo, a invenção ou a aplicação de uma tecnologia nova não causa, por si mesma, mudança cultural ou social. O que está implícito em sua insistência de que devemos "historicizar" é a necessidade de considerar o modo como a tecnologia será provavelmente articulada com grupos específicos de interesse e dentro de certa ordem social. Apesar de todo otimismo que a *web* despertou inicialmente, ela demonstrou vulnerabilidade às mesmas tendências a comercialização e concentração que vimos moldar a estrutura das mídias tradicionais. Além disso, as novas tecnologias, como o celular, acabaram por funcionar de modos muito diferentes, em vários lugares, e houve inúmeros equívocos ao se tentar prever de maneira precisa como as novas tecnologias seriam de fato usadas (a apropriação do serviço de SMS é apenas um exemplo disso). Nesse entusiasmo pelo potencial tecnológico à medida que um novo dispositivo aparece, muito da discussão sobre as novas mídias tem negligenciado essas variações. Paradoxalmente, como grande parte do entusiasmo pelo mundo digital baseou-se naquele que foi considerado seu potencial para empoderar pessoas comuns, esse entusiasmo foi também fundamentado em pressupostos que, no fundo, são tecnologicamente deterministas.

Williams alertou para os erros que podem ser cometidos como consequência de conclusões apressadas sobre os efeitos da tecnologia. No início do livro, em uma discussão acerca da radiodifusão, ele assinala como as possibilidades criativas da televisão foram frustradas pelas estruturas de investimento e capital implicadas em seu desenvolvimento. Ele sabiamente escreveu:

---

[9]   Graeme Turner, *Ordinary People and The Media: The Demotic Turn* (Londres, Sage, 2010).

[10]   Jay Rosen, "The People Formerly Known as The Audience", *PressThink: The Ghost of Democracy in The Media Machine*, 27 jun 2006. Disponível em: <archive.pressthink.org/2006/06/27/ppl_frmr.html>. Acesso em: 7 jun. 2016.

PREFÁCIO À EDIÇÃO BRASILEIRA   11

Quando há investimento tão pesado em um determinado modelo de comunicação social, tem-se um conjunto restritivo de instituições financeiras, de expectativas culturais e de desenvolvimentos técnicos específicos, que, embora possa ser visto, superficialmente, como o efeito de uma tecnologia, é na verdade um complexo social novo e central.[11]

Isso ainda reverbera, se aplicado, por exemplo, ao modo como as mídias sociais tecnologizaram a sociabilidade, como os campos abertos no início da internet foram transformados nos jardins murados e corporatizados de hoje e como as "pessoas antes conhecidas como audiência" são agora descritas de maneira mais precisa como simplesmente "consumidores". O que emerge desses desenvolvimentos pode ser de fato "um complexo social novo e central", que faríamos bem em entender mais como produto de histórias particulares do que como consequência de novas tecnologias.

Como Roger Silverstone apontou em seu Prefácio à reedição de *Televisão* pela Routledge Classics, o que subjaz à crítica de Williams a McLuhan e a grande parte da pesquisa norte-americana acerca da comunicação de massa é "uma crença fundamental na efetividade do agenciamento humano: nossa capacidade de perturbar, interromper e desviar o que, sem isso, seria a lógica fria da história e a unidimensionalidade da tecnologia"[12]. A pesquisa em televisão, a tentativa de compreender melhor como ela funciona e como intervém em nossa vida social, é uma dimensão desse agenciamento. Silverstone assim direciona a provável resposta de Williams à extraordinária volatilidade do ambiente midiático contemporâneo, composto de multiplataformas:

Se as tecnologias são humanas, e se a institucionalização da televisão contemporânea é apenas uma (embora, agora, bem estabelecida) possibilidade entre outras, então a intervenção crítica e criativa em seu desenvolvimento contínuo deve ser mantida[13].

O fato de a obra de Williams permanecer importante, continuar a ser lida e ainda apresentar lições para a análise contemporânea da televisão, mesmo reinventada e transformada de várias formas ao redor do mundo, sugere que este livro permanece uma parte vital de como a missão crítica deve ser mantida.

Graeme Turner
2016

---

[11]   Ver p. 42 deste volume.

[12]   Ver p. 16 deste volume.

[13]   Ver p. 17 deste volume.

PREFÁCIO À EDIÇÃO DA ROUTLEDGE CLASSICS

O intervalo entre a primeira frase deste livro, "Costuma-se dizer que a televisão alterou nosso mundo", e a última, em que Raymond Williams, com paixão e inteligência características, insiste que o futuro da mídia dependerá de nossa capacidade de fazer julgamentos e tomar decisões conscientes sobre esse futuro, é preenchido por uma leitura crítica, perspicaz, iconoclasta e humana sobre os primeiros cinquenta anos da televisão.

Essa leitura foi motivada, principalmente, por uma noite em Miami e um ano em Stanford. Pode parecer que a última experiência foi necessária para fazê-lo entender a primeira, uma noite em que Williams, recém-chegado de navio da Europa, ficou completamente pasmo diante do fluxo da televisão estado-unidense – um fluxo em que um programa se misturava a outro, em que os comerciais eram discretamente introduzidos nos textos das novelas e *trailers* de um filme ofereciam um tipo de subtexto invasivo para o desenvolvimento de outro. Em Stanford, no Departamento de Comunicação, onde este livro foi escrito, ele trabalhou a partir dessa confrontação e, ao fazer isso, referiu-se a uma especificidade social e histórica da televisão, tornando claro, poderosa e politicamente claro, o quanto o passado, o presente e o futuro desse meio devem ao agenciamento humano.

Televisão: tecnologia e forma cultural provou ser um livro extraordinariamente influente nos campos emergentes dos estudos de mídia e comunicação, mas também se tornou uma exposição clássica de uma série de argumentos e críticas que ainda permanecem na agenda, onde quer que o presente e o futuro da mídia sejam discutidos. Por quê?

Principalmente, talvez, pelo fato de Williams rejeitar qualquer forma de determinismo tecnológico. Ele rejeita argumentos que insistem que as tecnologias têm vida própria, que elas emergem de um processo de pesquisa e desenvolvimento imaculado por expectativas sociais ou políticas e interesses econômicos. Com a mesma veemência, rejeita também os argumentos de que as tecnologias, por si mesmas, determinam uma resposta social, que elas têm determinados efeitos e consequências, que são resistentes às complicações e às incertezas da sociedade e da história. Em outras palavras, o autor rejeita a caracterização da televisão como pura tecnologia. Ela não pode ser reduzida a isso.

A televisão surgiu, assim como o telégrafo, o telefone e o rádio antes dela, como uma resposta tecnologicamente sintética a um conjunto novo e radical de necessidades sociais, políticas e econômicas. A industrialização e a modernização tinham criado novos desafios e demandas: por ordem, controle e comunicação. As máquinas, pensadas e desenvolvidas para oferecer respostas singulares a demandas, em grande maioria, militares e industriais (o gerenciamento de impérios e estradas de ferro; frequentemente, de ambos ao mesmo tempo), tomariam formas inesperadas em usos sociais e civis. A noção de Williams de "privatização móvel" captura sofisticadamente a particularidade do novo mundo social, a que poderíamos chamar de suburbano, com o qual se engajaram o rádio e a televisão. Esse era um mundo de crescente individualização e fragmentação; dos movimentos de deslocamento estrutural das populações do campo para a cidade e da cidade para o subúrbio; dos movimentos diários de forças de trabalho das residências para locais públicos de produção. O rádio e a televisão, mobilizados em uma dialética de isolamento e participação, criaram e facultaram o "como se" da sociabilidade mediada dentro de um sistema de comunicação por radiodifusão. A radiodifusão era, então, em todos os sentidos, um produto social. O que se segue a isso é uma observação empenhada de que a história (e mesmo a sociologia) da tecnologia deve ser a história de sua distribuição, de sua institucionalização e de seus usos.

Essa história é, por sua vez, dirigida não por um processo abstrato de inovação, mas por coisas tão humanas como intenção, interesse, propósito e valor. Williams não tem tempo para abstração. O materialismo dele é motor e freio ao mesmo tempo, pois, se é fato que as tecnologias emergem e são formatadas pelas mais poderosas forças presentes na sociedade, essas, sobretudo as do capital, não são onipotentes (embora sejam imensamente potentes) e podem ainda ser confrontadas por outros interesses públicos e mobilizadas por estados democráticos e comunidades articuladas.

A televisão é, assim, um produto cultural distinto. Mesmo que recuse descrições singulares dela, Williams não tem dúvida sobre o significado do meio. Mas Williams é ambivalente, como Walter Benjamin antes dele o fora, quando confrontou o cinema e seu valor. A televisão opera na interface entre a elite e o popular, o comercial e o público, o estado e o cidadão, e cada uma de suas expressões, as várias formas que Williams analisa em detalhes, manifesta as tensões, as ambiguidades e as contradições que críticos, analistas e profissionais que vieram depois dele continuaram a identificar e ainda não resolveram. Não é raro que Williams encontre tanto coisas para elogiar como para depreciar na televisão contemporânea – embora sua visão de mundo radical nunca o tenha deixado baixar a guarda.

As formas de reportar, interrogar, visualizar e dramatizar que a televisão manifestou ofereceram uma cultura pública muito diferente de qualquer outra anterior. É claro que várias dessas formas foram emprestadas de outros meios. Notícias, dramas, entrevistas, programações educativas, variedades, todas tiveram seus precursores. Mas Williams se esforça para apontar a distinção e a novidade da televisão, sobretudo, talvez, em sua relação direta e sua aproximação com o caráter ordinário da vida cotidiana. A televisão oferece uma forma tecnológica e institucionalmente específica de enquadramento e expressão cultural, uma forma que só pode ser entendida, digamos assim, *in situ* (no próprio local), e também como uma expressão de forças sociais, políticas e econômicas mais amplas.

No coração do livro está uma investigação do que ele descobriu em Miami: a continuidade da televisão, seu fluxo. Efetivamente, o que Williams analisa nesse caso é a estratificação dos discursos do meio. A televisão é infinita (embora, pelo menos na década de 1970, não fosse tão incessante quanto a eternidade 24/7 do século XXI), e nós não somos convidados a assistir, embora por vezes assistamos, a programas individuais. Nós assistimos à televisão: seu fluxo contínuo; e ouvimos a excêntrica e repetitiva justaposição do noticiário, da publicidade e dos *trailers* de programas, igualmente inconsúteis e naturalizados a partir da eternidade de um fluxo desconexo e sem sequência lógica. Emissoras de televisão na década de 1970 fizeram isso em diferentes níveis. A distinção entre os serviços comercial e público ainda não tinha sido feita, mas a veiculação de notícias, em ambos, causava a impressão de um borrão apressado.

O objetivo dessa análise não era, claro, reificar a televisão, mas indicar uma institucionalização particular de cultura, uma *forma cultural*, como no título deste livro; e, embora a forma identificada por Williams fosse claramente uma dimensão estabelecida e restrita de televisão, ela não era necessariamente inviolável. Williams reserva suas investidas mais agudas para as teorias de Marshall McLuhan, cujas metáforas heráldicas de meio como mensagem e massagem são vistas como ideológicas e ofensivas. Representam o pior tipo de formalismo, abstraído de significado e divorciado da história. Se o meio é realmente a mensagem, pergunta Williams, o que nos resta a fazer ou dizer? As perspectivas de McLuhan não sobreviverão. No entanto, elas sobreviveram e foram, de fato, revividas triunfalmente nos títulos, literais e simbólicos, daqueles que celebraram a chegada do novo meio da internet, cuja mensagem, aparentemente, era clara para todo mundo ver.

A frustração e a crítica de Williams eram baseadas em uma crença fundamental na efetividade do agenciamento humano: nossa capacidade de perturbar, interromper e desviar o que, sem isso, seria a lógica fria da história e a unidimensionalidade da tecnologia. E, ele argumenta, os seres humanos apresentam, ou podem apresentar, resistências ao desenvolvimento ainda incompleto da televisão. As tecnologias podem restringir, mas não determinam. As rotas que seus desenvolvimentos seguem são marcadas por disputas de interesse, batalhas por significado e ilimitadas consequências imprevistas da ação humana. De fato, a radiodifusão oferece – ou, pelo menos, assim parece a Williams – formas alternativas de expressão e comunicação, não apenas porque é, por definição, uma formação social e está estruturada para se adequar ao mosaico da vida social cotidiana, mas porque novas tecnologias continuam a apresentar outras oportunidades – que ficam momentaneamente fora da influência do capital transnacional ou do alcance dos magnatas da mídia – para novas formas de autoexpressão e, principalmente, de expressão política.

Em sua apreciação crítica do texto, os leitores de *Televisão: tecnologia e forma cultural* privilegiaram, corretamente, os conceitos de Williams de privatização móvel e análise de fluxo feita pelo autor. Poucos pararam para pensar, a partir da discussão no capítulo final do livro, sobre tecnologias e usos alternativos. Contudo, vale a pena se dedicar a essa parte, não tanto pelos acertos e pelos erros de sua previsão acerca das novas tecnologias que estavam a ponto de ser desenvolvidas e suas prováveis potencialidades, tampouco para se convencer do discurso esperançoso, embora sempre ponderado, de que esse potencial possa ser realizado. É um capítulo importante porque sua escrita mostra não só uma disposição para interrogar a inovação tecnológica e o modo como ela se manifesta nos meandros da vida cotidiana, como também oferece a descrição de uma posição política apropriada – ou, poderíamos dizer, correta – em relação ao tema.

O mundo tecnológico com o qual Williams se envolve no fim do livro é um mundo pré-internet, um mundo de sistemas a cabo, vídeo gravável, *home video* (somente para "os muito ricos"), transmissão via satélite e dispositivos reativos e interativos. Essas tecnologias ainda não estavam formadas institucionalmente. Algumas poderiam baixar os custos para que produtores fora do sistema começassem a apresentar uma programação alternativa; outras poderiam oferecer uma oportunidade para as comunidades se comunicarem entre si; outras, ainda, poderiam dar aos consumidores mais escolhas sobre a programação. Mas havia também a possibilidade de tudo isso ser capturado por interesses dominantes, e, assim, comunidades se tornarem fachadas para interesses comerciais, a interação ser restringida por aqueles que controlam as portas de entrada, e a internacionalização do conteúdo de mídia e a capacidade de pequenos produtores atingirem audiências mais amplas serem, do mesmo modo, aniquiladas por conglomerados de mídia transnacionais.

É improvável que Williams estivesse completamente seduzido pelas possibilidades alternativas. Ele sabia tão bem quanto qualquer um sobre o poder das instituições dominantes e da ganância opressora. No entanto, a despeito disso e devido a seu profundo comprometimento com o projeto humano, em oposição ao tecnológico, sua escrita se recusa à capitulação. Se as tecnologias são humanas, e se a institucionalização da televisão contemporânea é apenas uma (embora, agora, bem estabelecida) possibilidade entre outras, então a intervenção crítica e criativa em seu desenvolvimento contínuo deve ser mantida. As tecnologias levam uma vida dupla, e a televisão não é exceção. Elas são, ao mesmo tempo, como diz Williams, as "ferramentas contemporâneas para a longa revolução em direção a uma democracia participativa e instruída" – um projeto que ele nunca perdeu de vista. Elas também são os instrumentos do que ele denominou contrarrevolução, em que as forças do capital se entranham, com êxito, no mais fino grão de nossa vida cotidiana.

Em 1974, Raymond Williams solicitou aos leitores que reconhecessem a premência da situação e o significado das decisões tomadas então para formar o futuro da mídia. Em 2003 e para o futuro próximo, podemos pedir a mesma coisa à próxima geração de seus leitores, uma vez que as questões para o debate permanecem como ele as identificou, ainda que o meio seja mais a internet do que a televisão (embora a televisão ainda não esteja fora do quadro).

"Informação, análise, educação, discussão": esses são os termos que Williams deixou na última página do livro como condições para a ação. Tão necessários quando escreveu esta obra como agora.

Roger Silverstone
Fevereiro de 2003

PREFÁCIO À SEGUNDA EDIÇÃO

Meu pai havia concordado em revisar este livro pouco antes de sua triste morte, em fevereiro de 1988.

Muita coisa mudou desde que ele o escreveu em 1973, embora, na releitura do texto, eu tenha achado incrível ver o quanto do atual ambiente midiático meu pai antecipou com precisão. Muitos dos argumentos e das questões que ele previu têm, desde então, estampado os jornais, ainda que, devido ao ritmo um pouco mais lento de progresso tecnológico do que ele supôs, vários desses assuntos hoje estejam em discussão ou mesmo por vir.

Ele teria revisado o livro de uma forma mais completa do que ouso fazer. Limitei-me a escrever algumas notas para os primeiros capítulos, a atualizar alguns pontos factuais e a completar as notas do Capítulo 6. Muitos dos desenvolvimentos técnicos que ele discutiu em 1973 já ocorreram, embora as questões políticas e culturais continuem pertinentes, e muitas decisões sobre a estrutura e o controle estejam ainda abertas ao debate. Minhas notas no Capítulo 6 destinam-se a revelar a contínua relevância dessas questões, convertendo as previsões em fato e fornecendo exemplos recentes.

Espero que você também considere este livro tão relevante hoje como ele foi em 1974.

Ederyn Williams
Londres, 1989

PREFÁCIO

Este livro é uma tentativa de explorar e descrever algumas das relações entre a televisão como tecnologia e a televisão como forma cultural. No debate contemporâneo sobre as relações gerais entre tecnologia, instituições sociais e cultura, a televisão é evidentemente um caso excepcional. A importância que possui atualmente, como elemento em cada uma dessas áreas e como ponto de interação entre elas, é, de fato, sem paralelos.

Estava para fazer essa pesquisa desde que escrevi *The Long Revolution* [A longa revolução]* e *Communications* [Comunicações]**, obras mais estreitamente relacionadas às instituições culturais da imprensa. Como nesses estudos anteriores, a história e a análise sociais precisavam estar diretamente relacionadas ao exame crítico e analítico dos materiais e dos processos da comunicação específica. Durante quatro anos, de 1968 a 1972, escrevi uma crítica mensal sobre televisão para o jornal semanal da BBC, *The Listener*. Pude escolher meus próprios assuntos e, em vários momentos, tentei resumir minhas impressões sobre um uso ou uma forma particular de televisão – esportes, viagens, seriados policiais, comerciais, reportagens políticas, debates. Esses artigos são o pano de fundo necessário para a presente pesquisa. Selecionei algumas dessas experiências para este livro, que foi, no entanto, escrito principalmente na Califórnia, em um contexto muito diferente de televisão. Aproveitei a oportunidade para fazer algumas comparações entre as práticas britânica e norte-americana. Aproveitei também para conversar com os colegas do Departamento de Comunicação da Universidade de Stanford. Alguns trabalhos deles sobre novas e emergentes tecnologias televisivas foram-me muito úteis. Sou especialmente grato a Edwin

---

* Raymond Williams, *The Long Revolution* (Londres, Chatto & Windus, 1961). (N. E.)

** Idem, *Communications* (Londres, Penguin, 1962). (N. E.)

B. Parker e, pelas conversas que tivemos em outros lugares, ao sr. Rice, da KQED, de São Francisco, ao dr. John Fekete, ao sr. Nicholas Garnham e a meu filho, dr. Ederyn Williams. O trabalho de minha esposa com o material para os capítulos 3, 4 e 6 foi primordial e indispensável. Agradeço também ao sr. Jonathan Benthall pela ajuda durante toda a pesquisa.

Raymond Williams
Stanford, Califórnia, e Cambridge, Inglaterra, janeiro-junho de 1973

1.

A TECNOLOGIA E A SOCIEDADE

Costuma-se dizer que a televisão alterou nosso mundo. Da mesma forma, as pessoas frequentemente falam de um novo mundo, uma nova sociedade, uma nova fase da história sendo criada – "trazida" – por esta ou aquela nova tecnologia: a máquina a vapor, o automóvel, a bomba atômica. A maioria de nós sabe o que geralmente se sugere quando tais coisas são ditas. Mas pode residir aí a dificuldade central: estamos tão acostumados, na maioria de nossas discussões cotidianas, a declarações genéricas desse tipo que podemos não perceber seus significados específicos.

Na verdade, essas declarações encobrem algumas das questões históricas e filosóficas mais difíceis e insolúveis. Assim, muitas vezes discutimos, com entusiasmo, sobre este ou aquele "efeito" da televisão ou os tipos de comportamento social, as condições culturais e psicológicas a que a televisão "levou", sem nos sentirmos obrigados a perguntar se é razoável descrever qualquer tecnologia como causa. E, se pensamos nela como causa, de que tipo ela seria e que relação possuiria com outros tipos de causa? O estudo local mais preciso e minucioso de "efeitos" pode permanecer superficial, se não examinarmos as noções de causa e efeito, como aquelas entre uma tecnologia e uma sociedade, uma tecnologia e uma cultura, uma tecnologia e uma psicologia, relações que fundamentam nossas perguntas e podem muitas vezes determinar nossas respostas.

É claro que se pode dizer que essas questões fundamentais são muito difíceis; e o fato de serem realmente difíceis torna-se logo evidente para qualquer um que tente persegui-las. Podemos passar a vida tentando respondê-las, ao passo que, aqui e agora, em uma sociedade em que a televisão é importante, há trabalho imediato e prático a ser feito: realizar levantamentos e desenvolver pesquisas que, além do mais, sabemos como fazer. É uma posição atraente e que, em nosso tipo de sociedade, entendida como prática, leva vantagem quando se trata de conseguir apoio e financiamento. Por outro lado, outros tipos de pergunta parecem meramente teóricos e abstratos.

Ainda assim, todas as perguntas sobre causa e efeito, como entre uma tecnologia e uma sociedade, são intensamente práticas. Até começarmos a respondê-las, realmente não sabemos, em cada caso concreto, se, por exemplo, estamos falando de uma tecnologia ou dos usos de uma tecnologia; de instituições essenciais ou instituições particulares e mutáveis; de um conteúdo ou de uma forma. E isso não é só uma questão de incerteza intelectual, é uma questão de prática social. Se a tecnologia é uma causa, podemos, na melhor das hipóteses, modificar ou procurar controlar seus efeitos. Se a tecnologia, como é usada, é de fato um efeito, a que outros tipos de causa e outros tipos de ação devemos nos referir e relacionar a nossa experiência de seus usos? Essas não são questões abstratas, ocupam um lugar cada vez mais importante em nossos debates sociais e culturais, e, na prática, tomamos decisões concretas e efetivas sobre elas a todo o tempo.

É com esses problemas em mente que tentarei analisar a televisão como uma tecnologia cultural específica e examinar seu desenvolvimento, suas instituições, suas formas e seus efeitos nessa dimensão crítica. Neste capítulo, iniciarei a análise sob três títulos: (a) versões de causa e efeito na tecnologia e na sociedade; (b) a história social da televisão como uma tecnologia; (c) a história social dos usos da tecnologia televisiva.

A. VERSÕES DE CAUSA E EFEITO NA TECNOLOGIA E NA SOCIEDADE

Podemos começar pela afirmação geral de que a televisão alterou o mundo. Convém elencar alguns dos diferentes sentidos que esse tipo de declaração tem suscitado. Por exemplo:

i) A televisão foi inventada como resultado de pesquisas científicas e técnicas. Seu poder como meio de comunicação de notícias e de entretenimento tornou-se tão grande que alterou todos os meios de comunicação de notícias e de entretenimento anteriores.

ii) A televisão foi inventada como resultado de pesquisas científicas e técnicas. Seu poder como meio de comunicação social tornou-se tão grande que alterou muitas de nossas instituições e nossas formas de relações sociais.

iii) A televisão foi inventada como resultado de pesquisas científicas e técnicas. Suas propriedades inerentes como meio de comunicação eletrônico alteraram nossa percepção básica da realidade e, por conseguinte, nossas relações uns com os outros e com o mundo.

iv) A televisão foi inventada como resultado de pesquisas científicas e técnicas. Como um poderoso meio de comunicação e entretenimento, ocupou lugar junto a outros fatores – como o crescimento da mobilidade física, resultante de outras tecnologias recém-inventadas – na alteração da escala e da forma de nossas sociedades.

v) A televisão foi inventada como resultado de pesquisas científicas e técnicas e se desenvolveu como um meio de comunicação de entretenimento e notícias. Então, teve consequências imprevistas, não só em outros meios de comunicação de entretenimento e de notícias, que tiveram a viabilidade e a importância reduzidas por ela, mas em alguns processos centrais da vida familiar, cultural e social.

vi) A televisão, descoberta como possibilidade a partir de pesquisas científicas e técnicas, foi selecionada para investimento e desenvolvimento e, assim, para atender às necessidades de um novo tipo de sociedade, especialmente no provimento de entretenimento concentrado e na formação centralizada de opiniões e estilos de comportamento.

vii) A televisão, descoberta como possibilidade a partir de pesquisas científicas e técnicas, foi selecionada para investimento e promoção como uma fase nova e rentável de uma economia de consumo doméstico; é então um dos típicos "aparelhos para o lar".

viii) A televisão tornou-se disponível como resultado de pesquisas científicas e técnicas e em seu caráter e seu uso explorou e enfatizou elementos de uma passividade e de uma inadequação cultural e psicológica, que sempre foram latentes nas pessoas, mas que a televisão agora organizou e passou a representar.

ix) A televisão tornou-se disponível como resultado de pesquisas científicas e técnicas, e em suas características e seu uso tanto serviu quanto explorou as necessidades de um novo tipo de sociedade complexa e de grande escala, mas atomizada.

Esses são apenas alguns dos possíveis comentários na definição comum e corriqueira de que a televisão alterou nosso mundo. Muitos sustentam versões híbridas do que são na realidade opiniões alternativas e, em alguns casos, inevitavelmente, acontece alguma sobreposição. Mas podemos distinguir entre duas grandes classes de opiniões. Na primeira – (i) a (v) –, a tecnologia é de fato acidental. Além do desenvolvimento estritamente interno da tecnologia, não há nenhuma razão para qualquer invenção particular ter acontecido. Da mesma forma, então, há consequências que também são, no verdadeiro sentido, acidentais, uma vez que partem diretamente da própria tecnologia. Se a televisão não tivesse sido inventada, diriam os que sustentam essa classe de opiniões, certos eventos sociais e culturais específicos não teriam ocorrido.

Na segunda – (vi) a (ix) –, a televisão é também efetivamente um acidente tecnológico, mas cuja importância reside em seus usos, tidos como sintomáticos de alguma ordem da sociedade ou de algumas qualidades da natureza humana, determinadas por outras circunstâncias. Se a televisão não tivesse sido inventada, diz esse conjunto de argumentos, também seríamos manipulados ou negligentemente entretidos, mas de outra forma e talvez não tão poderosamente.

Para todas as variações pontuais de interpretação e de ênfase, essas duas classes de opiniões subjazem à esmagadora maioria dos pontos de vista de profissionais e amadores sobre os efeitos da televisão. O que elas têm em comum é a forma fundamental da afirmação: "A televisão alterou nosso mundo".

Então, é necessário fazer uma distinção mais teórica. A primeira classe de opiniões, já descrita, é geralmente conhecida, pelo menos para seus adversários, como *determinismo tecnológico*. É uma visão muito incisiva e agora amplamente ortodoxa da natureza da mudança social. De acordo com ela, as novas tecnologias são descobertas por um processo essencialmente interno de pesquisa e desenvolvimento, que define as condições para a mudança social e o progresso. O progresso, em particular, é a história dessas invenções que "criaram o mundo moderno". Os efeitos das tecnologias, diretos ou indiretos, previstos ou imprevistos, seriam o resto da história. A máquina a vapor, o automóvel, a televisão e a bomba atômica *constituíram* o homem moderno e a condição moderna.

A segunda classe de opiniões parece menos determinista. A televisão, como qualquer outra tecnologia, torna-se disponível como um elemento ou um meio em um processo de mudança que já está ocorrendo ou está prestes a ocorrer. Em contraste com o puro determinismo tecnológico, esse ponto de vista salienta outros fatores causais na mudança social. Consideram-se, então, determinadas tecnologias ou um complexo de tecnologias como sintomas da mudança de outro tipo. Qualquer tecnologia específica é, portanto, subproduto de um processo social determinado por outras circunstâncias. Uma tecnologia só adquire status efetivo quando é utilizada para fins já contidos nesse processo social conhecido.

O debate entre essas duas posições gerais ocupa a maior parte do pensamento sobre tecnologia e sociedade. É um verdadeiro debate, em que cada lado argumenta persuasivamente. Mas é, no final, estéril, porque cada posição, ainda que de diferentes maneiras, abstrai a tecnologia da sociedade. O *determinismo tecnológico* considera que a pesquisa e o desenvolvimento geram a si mesmos. As novas tecnologias são inventadas, por assim dizer, numa esfera independente e, em seguida, criam novas sociedades ou novas condições humanas. A visão da *tecnologia sintomática*, de modo similar, pressupõe que a pesquisa e o desenvolvimento são autogerados, mas de maneira mais periférica. O que é descoberto à margem é, então, apropriado e utilizado.

Cada perspectiva depende, portanto, do isolamento da tecnologia. Esta é, dependendo da visão, uma força que age por si mesma, criando novas formas de vida ou fornecendo materiais para novas formas de vida. Essas posições são tão profundamente estabelecidas no pensamento social moderno que é muito difícil pensar para além delas. A maioria das histórias da tecnologia, como a maioria das histórias de descobertas científicas, é escrita a partir desses pressupostos. Um apelo aos "fatos", contra esta ou aquela interpretação, é muito difícil simplesmente porque as histórias são em geral escritas, consciente ou inconscientemente, para ilustrar os pressupostos. Isso pode ser feito de forma explícita, com a consequente interpretação anexada, ou, o mais comum, implicitamente, quando a história da tecnologia ou do desenvolvimento científico é oferecida como uma história independente. Essa forma de relato pode ser vista como um procedimento de especialização ou de ênfase, mas necessariamente implica critérios e intenções meramente internos.

Alterar essas ênfases exigiria esforço intelectual prolongado e cooperativo. No caso particular da televisão, é possível delinear um tipo diferente de interpretação, que nos permitiria ver não só sua história, como também seus usos de forma mais radical. Tal interpretação seria diferente do determinismo tecnológico, pois recuperaria a *intenção* para o processo de pesquisa e desenvolvimento. A tecnologia seria considerada algo perseguido e desenvolvido com certos propósitos e práticas já em mente. Ao mesmo tempo, a interpretação diferiria da tecnologia sintomática, pois esses propósitos e práticas seriam vistos como *diretos*: como necessidades sociais conhecidas, propósitos e práticas para os quais a tecnologia não é periférica, mas central.

B. A HISTÓRIA SOCIAL DA TELEVISÃO COMO UMA TECNOLOGIA

A invenção da televisão não foi um evento isolado nem uma série de eventos, mas dependeu de um conjunto de invenções e de desenvolvimentos em eletricidade, telegrafia, fotografia, cinema e rádio. Pode-se dizer que o invento se destacou como um objetivo tecnológico específico entre 1875 e 1890 e, em seguida, após um intervalo, desenvolveu-se, a partir de 1920, como um empreendimento tecnológico específico até os primeiros sistemas de televisão pública na década de 1930. Mesmo assim, em cada um desses estágios, a invenção dependeu, em parte, de alguns inventos concebidos inicialmente para outros fins.

Até o início do século XIX, as investigações relacionadas à eletricidade, durante muito tempo conhecida como um fenômeno, foram principalmente filosóficas, em torno de um efeito natural intrigante. A tecnologia associada a essas investigações estava orientada sobretudo para o isolamento e a concentração do efeito, para seu estudo mais claro. No fim do século XVIII, iniciaram-se as aplicações, especificamente em relação a outros efeitos naturais conhecidos (para-raios). Depois, houve um período-chave de transição de um conjunto de invenções, entre 1800 e 1831, desde a bateria de Volta à demonstração que Faraday fez da indução eletromagnética, levando rapidamente à produção de geradores. Isso pode ser corretamente traçado como uma história científica, porém é significativo que o período-chave de avanço coincida com uma fase importante do desenvolvimento da produção industrial. As vantagens da energia elétrica estavam estreitamente relacionadas às novas necessidades industriais: para mobilidade e transferência de fontes de energia e para a conversão controlável flexível e rápida. O motor a vapor havia se adequado bem aos têxteis cujas indústrias se baseavam nas demandas do local de implantação. Outras fontes de energia podiam ser usadas para desenvolvimentos mais extensos, tanto de ordem física como na complexidade de processos envolvendo múltiplas etapas, como as obras de engenharia. No entanto, esses empreendimentos só seriam totalmente realizados com a eletricidade. Assim, havia uma interação muito complexa entre as novas necessidades e as novas invenções, em nível de produção primária, de novas indústrias aplicadas (chapeamento) e de novas necessidades sociais relacionadas ao desenvolvimento industrial (iluminação de cidades e de casas). De 1830 até a geração elétrica em grande escala na década de 1880, houve esse conjunto contínuo de necessidade, invenção e aplicação.

Na telegrafia, o desenvolvimento foi mais simples. A transmissão de mensagens por faróis e dispositivos primários semelhantes já tinha sido estabelecida havia bastante tempo. No desenvolvimento da navegação e da guerra naval, o sistema de bandeiras foi padronizado no decorrer dos séculos XVI e XVII. Durante as guerras napoleônicas, houve um desenvolvimento considerável da telegrafia terrestre pelas estações de semáforo, e um pouco disso sobreviveu em tempos de paz. A telegrafia elétrica tinha sido sugerida como um sistema técnico já em 1753 e, na verdade, sua viabilidade foi demonstrada em vários lugares, no início do século XIX. Em 1816, um inventor inglês foi avisado de que o Almirantado não estava interessado nesse sistema. Curiosamente, foi o desenvolvimento das ferrovias – por sua vez, uma resposta ao desenvolvimento de um sistema industrial e ao crescimento relacionado das cidades – que deixou clara a necessidade de melhorar o telégrafo. Um complexo de possibilidades tecnológicas foi incorporado ao sistema de trabalho a partir de 1837. O desenvolvimento do comércio e do transporte internacionais provocou ampliações rápidas do sistema, incluindo o cabo transatlântico, nas décadas de 1850 e 1860. Um sistema geral de telegrafia elétrica já havia sido estabelecido por volta de 1870 e, na mesma década, o sistema telefônico começou a ser desenvolvido – nesse caso, como uma invenção nova e deliberada.

Na fotografia, a ideia da escrita de luz havia sido sugerida por (entre outros) Wedgwood e Davy em 1802, e a *camera obscura* já tinha sido desenvolvida. Não foi a projeção, mas a fixação das imagens, que primeiro demandou solução técnica, e de 1816 (Niepce) até 1839 (Daguerre) trabalhou-se nisso, juntamente com a melhoria das câmeras. A fotografia profissional e, depois, a amadora espalharam-se rapidamente e logo foi possível reproduzi-las e transmiti-las no desenvolvimento do jornal impresso. Na década de 1880, a ideia de uma realidade "fotografada" – naquela época, ainda mais para registro do que para observação – já era familiar.

Enquanto isso, a ideia de imagens em movimento se desenvolvia de forma semelhante. A lanterna mágica (projeção de *slides*) era conhecida desde o século

XVII e tinha adquirido o movimento simples (um *slide* sobre o outro) por volta de 1736. A partir de 1826, houve o desenvolvimento de dispositivos mecânicos cinematográficos, como a "roda da vida", que foram vinculados à lanterna mágica. O efeito de persistência na visão humana – isto é, nossa capacidade de manter a "memória" de uma imagem durante um intervalo para a próxima imagem, permitindo, assim, uma sequência construída de unidades que se sucedem rapidamente – já era conhecido desde os tempos clássicos. A uma série de câmeras fotografando etapas de uma sequência, seguiram-se câmeras de múltiplas fotos (Marey, 1882). Friese-Greene e Edison trabalharam com tecnologias de filmagem e projeção, e as bobinas de papel foram substituídas pelo celuloide. Por volta da década de 1890, realizaram-se as primeiras mostras públicas cinematográficas na França, nos Estados Unidos e na Inglaterra.

A televisão, como uma ideia, esteve relacionada com muitos desses desenvolvimentos. É difícil separá-la, em seus primeiros estágios, da fototelegrafia. Bain propôs um dispositivo para a transmissão de imagens por fios elétricos, em 1842; Blakewell, em 1847, apresentou o telégrafo reprodutor de fac-símiles; Caselli, em 1862, transmitiu fotos por fio ao longo de uma distância considerável. Em 1873, enquanto trabalhava em um terminal de cabo telegráfico atlântico, May observou as propriedades fotossensíveis do selênio (que tinham sido isoladas por Berzelius em 1817 e já estavam em uso para resistores). De muitas maneiras, obedecendo a uma necessidade já definida, os meios de transmitir fotos e imagens em movimento foram ativamente procurados e, em grande medida, descobertos. A lista é longa, mesmo se formos seletivos: o olho elétrico de Carey, em 1875; o sistema de escâner de Nipkow, em 1884; as células fotoelétricas de Elster e Geitel, em 1890; o tubo de raios catódicos de Braun, em 1897; o receptor de raios catódicos de Rosing, em 1907; a proposta de câmera eletrônica de Campbell Swinton, em 1911. Por todo esse período, dois fatos são evidentes: primeiro, previu-se um sistema de televisão e buscou-se ativamente criá-lo; segundo, o aspecto de que, em comparação à geração elétrica, telefonia e telegrafia elétrica, havia muito pouco investimento social para reunir todo o trabalho disperso. É verdade que existiam empecilhos técnicos antes de 1914 – a válvula termiônica e o amplificador multifásico podem ser considerados necessários para a tecnologia e ainda não tinham sido inventados. Mas a diferença crítica entre as várias esferas da tecnologia aplicada pode ser colocada em termos de uma dimensão social: os novos sistemas de produção e de comunicação comercial ou de transporte já estavam organizados no nível econômico; os novos sistemas de comunicação social, não. Assim, quando as imagens em movimento foram desenvolvidas, a aplicação se deu, caracteristicamente, à margem das formas sociais estabelecidas – as atrações de feira –, até que o sucesso foi capitalizado em uma versão de maneira estabelecida, o *cinema*.

O desenvolvimento do rádio, em estágios científicos e técnicos significativos entre 1885 e 1911, foi inicialmente concebido dentro de sistemas sociais já efetivos, como uma forma avançada de telegrafia. Sua aplicação como modo social significativamente novo pertence ao período imediato ao pós-guerra, numa situação social modificada. É revelador que o hiato no desenvolvimento técnico da televisão tenha, então, também terminado. Em 1923, Zworykin introduziu o tubo de câmera eletrônico de televisão. No início da década de 1920, Baird e Jenkins, individualmente e de maneira competitiva, estavam trabalhando em sistemas que utilizavam a varredura mecânica. A partir de 1925, o ritmo de progresso foi qualitativamente alterado, por meio de importantes avanços técnicos, também tendo os sistemas de transmissão sonora como modelo. O sistema de Bell, em 1927, demonstrou uma transmissão por conexão de rádio e, assim, a pré-história dessa forma de transmissão pode ser dada como encerrada. Havia grande rivalidade entre sistemas – especialmente entre aqueles de varredura mecânica e eletrônica – e há ainda grande controvérsia sobre as contribuições e as prioridades. Mas isso é característico da fase em que o desenvolvimento de uma tecnologia passa para o estágio de uma nova forma social.

O interessante em tudo isso é que, em um número de campos complexos e relacionados, esses sistemas de mobilidade e transferência em produção e comunicação, seja em transporte mecânico e elétrico, ou em telegrafia, fotografia, cinema, rádio e televisão, foram ao mesmo tempo incentivos e respostas dentro de uma fase de transformação social geral. Embora algumas das descobertas científicas e tecnológicas decisivas fossem feitas por indivíduos isolados, que não tinham nenhum suporte, havia uma comunidade crucial de ênfase e intenção selecionadas, numa sociedade caracterizada, em níveis mais gerais, por uma mobilidade e uma extensão da escala das organizações: formas de crescimento que acarretaram problemas, imediatos e no longo prazo, de comunicação operacional. Em muitos países, de maneiras aparentemente desconexas, tais necessidades foram imediatamente isoladas e tecnicamente definidas. Uma característica particular dos sistemas de comunicação é que *todos foram previstos* – não de modo utópico, mas tecnicamente – *antes que os componentes essenciais dos sistemas desenvolvidos tivessem sido descobertos e aprimorados.* De forma nenhuma, porém, essa é uma história de sistemas de comunicação que criaram uma nova sociedade ou novas condições sociais. A transformação decisiva e anterior de produção industrial e suas novas formas sociais, que tinham crescido a partir de uma longa história de acumulação de capital e de trabalho de melhorias tecnológicas, criaram novas necessidades, mas também novas possibilidades, e os sistemas de comunicação, incluindo a televisão, foram seu resultado intrínseco.

C. A HISTÓRIA SOCIAL DOS USOS DA TECNOLOGIA TELEVISIVA

Em qualquer circunstância, não é totalmente verdadeiro dizer que, nas sociedades modernas, quando uma necessidade social é revelada, a tecnologia apropriada para supri-la será encontrada. Isso se dá, em parte, porque algumas necessidades reais, em qualquer período em particular, estão além do escopo dos conhecimentos científicos e técnicos existentes ou previsíveis. Ainda é preciso considerar que a questão fundamental sobre a resposta tecnológica para uma necessidade é menos sobre a necessidade em si do que sobre seu lugar em uma formação social existente. Uma necessidade que corresponde às prioridades dos grupos reais de decisão obviamente atrairá de forma mais rápida o investimento de recursos e a permissão oficial, a aprovação ou o incentivo de que depende uma tecnologia de trabalho, na condição de forma distinta de dispositivos técnicos disponíveis. Podemos ver isso com clareza nos principais desenvolvimentos da produção industrial e, de modo significativo, na tecnologia militar. A história social das tecnologias de comunicação é curiosamente diferente de qualquer uma dessas, e é importante tentar descobrir os fatores reais dessa variação.

O problema deve ser visto em vários níveis. Na perspectiva muito mais ampla, há uma relação operativa entre um novo tipo de sociedade expandida, móvel e complexa e o desenvolvimento de uma tecnologia de comunicação moderna. Em um nível, essa relação pode ser razoavelmente considerada, numa forma direta, como causal. Os principais incentivos para a primeira fase de melhorias na tecnologia de comunicação surgiram de problemas de comunicação e controle em operações militares e comerciais expandidas. Isso foi tanto direto, em decorrência de fatores de grande distância e escala, como indireto, um fator no desenvolvimento da tecnologia de transporte, o que, por razões óbvias, tornou-se a principal resposta direta. Assim, a telegrafia e a telefonia, e também o rádio, em seus estágios iniciais, foram fatores secundários dentro de um sistema primário de comunicação, que servia diretamente às necessidades de um sistema militar e comercial estabelecido e em desenvolvimento. Durante os séculos XIX e XX, esse foi o padrão decisivo.

Mas havia outras relações sociais e políticas e outras necessidades emergentes a partir desse conjunto de mudanças. Na verdade, foi em consequência de uma interpretação particular e dominante dessas mudanças que, a princípio, o complexo foi visto como melhoria desejada na comunicação *operacional*. As prioridades diretas do sistema comercial em expansão e, em certos períodos, do sistema militar levaram a uma definição de necessidades no âmbito desses sistemas. Os objetivos e as consequentes tecnologias eram operacionais na esfera das estruturas desses sistemas: passando informações específicas necessárias ou mantendo contato e controle. A tecnologia elétrica moderna, nessa fase, foi orientada para usos de pessoa para pessoa, operador a operador, dentro de estruturas específicas estabelecidas. Essa qualidade pode ser mais bem realçada por contraste com a tecnologia elétrica da segunda fase, que foi correta e significativamente chamada de *radiodifusão*. A tecnologia de mensagens específicas para pessoas específicas foi complementada, mas relativamente tarde, por uma tecnologia de mensagens variadas para um público em geral.

No entanto, para entender esse desenvolvimento, temos de olhar para um sistema de comunicação mais amplo. A verdadeira base desse sistema precedeu os desenvolvimentos em tecnologia. Então, como agora, havia uma área principal, na verdade dominante, da comunicação social, boca a boca, dentro de cada tipo de grupo social. Além disso, também como agora, havia instituições específicas desse tipo de comunicação que envolve ou se baseia na doutrina social e no controle: igrejas, escolas, assembleias e anúncios oficiais, instruções nos locais de trabalho. Todas elas interagiam com formas de comunicação na família.

Quais foram, então, as novas necessidades que levaram ao desenvolvimento de uma nova tecnologia de comunicação social? O desenvolvimento da imprensa é um bom exemplo do que discutimos até aqui. Ele foi ao mesmo tempo uma resposta para o desenvolvimento de um sistema social, econômico e político expandido e uma resposta à crise dentro desse sistema. A centralização do poder político levou a uma necessidade de transmissão de mensagens a partir desse centro por meio de vias não restritas às oficiais. Os primeiros jornais foram uma combinação entre aquele tipo de mensagem – informações políticas e sociais – e as mensagens específicas – anúncios classificados e notícias comerciais gerais de um sistema comercial em expansão. Na Grã-Bretanha, o desenvolvimento da imprensa se deu em diferentes estágios de formação em períodos de crise: a Guerra Civil e a criação da Commonwealth, quando foi definida a forma do jornal; a Revolução Industrial, quando novas maneiras de jornalismo popular foram estabelecidas sucessivamente; as grandes guerras do século XX, quando o jornal se tornou uma forma social universal. Um sistema de comunicação já existia para a transmissão de ordens simples. Para a transmissão de uma ideologia, existiam instituições tradicionais específicas. Mas, para a transmissão de notícias e do respectivo contexto – o processo total orientador, preditivo e de atualização que a imprensa totalmente desenvolvida representava –, havia a evidente necessidade de uma nova forma, a que as grandes instituições tradicionais da igreja e da escola não poderiam atender. Em face da grande ansiedade e controvérsia provocadas pela crise de mudança geral, essa forma flexível e competitiva veio atender a novas necessidades sociais. À medida que a luta por participação na decisão e no controle se acirrou, em campanhas para o voto e depois na competição para a eleição, a imprensa tornou-se não só um novo sistema de comunicação, mas, centralmente, uma nova instituição social.

Isso pode ser interpretado como resposta a uma necessidade e a uma crise políticas (e certamente foi). Mas uma necessidade social mais ampla e uma crise social podem ser também reconhecidas nesse processo. Em uma sociedade em mudança, especialmente após a Revolução Industrial, problemas de perspectiva e orientação sociais tornaram-se mais agudos. Novas relações entre os homens e entre os homens e as coisas estavam sendo experimentadas de modo intenso e, nessa área, particularmente as instituições tradicionais da igreja e da escola, ou da comunidade estável e da família renitente, tinham bem pouco a dizer. Muitas coisas foram naturalmente ditas, mas de posições definidas dentro de um tipo mais antigo de sociedade. De diversas maneiras e atendendo a uma série de impulsos, que iam da curiosidade à ansiedade, novas informações e novos tipos de orientação foram profundamente necessários: mais profundamente, de fato, do que qualquer especialização para a informação política, militar ou comercial pode dar conta. Uma conscientização maior da mobilidade e da mudança, não só como abstrações, mas como experiências vividas, levou a uma importante redefinição na prática e, logo, na teoria da função e do processo de comunicação social.

O que vemos de forma mais evidente na imprensa pode ser visto também no desenvolvimento da fotografia e do cinema. A fotografia é, em certo sentido, uma extensão popular do retrato, para reconhecimento e registro. Mas em um período de grande mobilidade, com novas separações das famílias e com as migrações internas e externas, ela tornou-se mais central e necessária como forma de manutenção, a distância e através do tempo, de certas conexões pessoais. Além disso, ao alterar as relações com o mundo físico, a fotografia como objeto tornou-se uma forma da fotografia de objetos: momentos de isolamento e estase dentro das rápidas mudanças que então se experimentavam; e, então, em sua extensão técnica de movimento, um meio de observar e analisar de novas maneiras o movimento em si – uma forma dinâmica em que novos tipos de reconhecimento eram não só possíveis, mas necessários.

É significativo que, até o período após a Primeira Guerra Mundial e, de certa forma, até o período logo após a Segunda Guerra Mundial, essas necessidades variáveis de um novo tipo de sociedade e de uma nova forma de vida foram atendidas por meios vistos como especializados: a imprensa para informação política e econômica; a fotografia para a comunidade, a família e a vida pessoal; o filme para a curiosidade e o entretenimento; a telegrafia e a telefonia para informações comerciais e algumas mensagens pessoais importantes. Foi desse complexo de formas especializadas que surgiu a radiodifusão.

A consequente dificuldade de definir seu uso social e o tipo intenso de controvérsia que a tem cercado podem ser, então, entendidos de modo mais amplo. Além disso, as primeiras definições de radiodifusão foram feitas para o rádio. É significativo e talvez intrigante que as definições e as instituições então criadas tenham sido as mesmas a partir das quais a televisão se desenvolveu.

Estamos agora habituados a uma situação em que a radiodifusão é uma importante instituição social, alvo constante de polêmica, mas que, em sua forma conhecida, parece predestinada pela tecnologia. Essa predestinação, no entanto, quando examinada de perto, prova ser não mais do que um conjunto de decisões sociais específicas, em circunstâncias particulares, que em seguida foram tão amplamente ratificadas, ainda que imperfeitamente, que agora é difícil vê-las como decisões, não como resultados (retrospectivamente) inevitáveis.

Assim, vista apenas *a posteriori*, a radiodifusão pode ser diagnosticada como uma nova e poderosa forma de integração social e de controle. Muitos de seus principais usos podem ser considerados sociais, comerciais e, às vezes, politicamente manipuladores. Além do mais, esse ponto de vista é racionalizado pela descrição da radiodifusão como "comunicação de massa", uma expressão usada por quase todos os seus agentes e os seus conselheiros, bem como, curiosamente, pela maioria dos críticos radicais. "Massas" foi o novo termo oitocentista de desprezo para o que era anteriormente chamado de "turba". A "massa" física da revolução urbana e industrial ajudou a consolidar a expressão. Uma nova consciência radical de classe adotou o termo para expressar o material das novas formações sociais: "organizações de massa". O "encontro de massa" foi um efeito físico observável. Essa descrição era tão presente no século XX que múltiplas produções em série foram chamadas falsamente, mas de forma significativa, de "produções de massa": a palavra "massa" passa, então, a significar grandes números (mas dentro de determinadas relações sociais assumidas), no lugar de qualquer agregado físico ou social. O rádio e a televisão, por razões que veremos a seguir, foram desenvolvidos para a transmissão em casas *individuais*, embora não houvesse nada na tecnologia que tornasse isso inevitável. Assim, essa nova forma de comunicação social – radiodifusão – foi obscurecida por sua definição como "comunicação de massa": uma abstração de sua característica mais geral, a de que ela se destinava a muitas pessoas, às "massas". Isso ofuscou o fato de que o meio escolhido foi a oferta de aparatos individuais, um método mais bem descrito pela palavra anterior, "radiodifusão". É interessante que o único uso "massivo" do rádio tenha se dado na Alemanha nazista, onde, sob as ordens de Goebbels, o partido organizou grupos de audição pública obrigatória, com ouvintes nas ruas. Houve alguma imitação disso por regimes semelhantes, e Goebbels estava muito interessado na televisão para o mesmo tipo de uso. Contudo, o que se desenvolveu na maioria das sociedades capitalistas, embora chamado de "comunicação de massa", foi significativamente diferente.

No desenvolvimento da radiodifusão, houve, no início, intervenção oficial, mas, formalmente, apenas no nível técnico. Na luta anterior contra o desenvolvimento da imprensa, o Estado tinha licenciado e tributado jornais, mas, um século antes do advento da radiodifusão, a ideia alternativa de uma imprensa independente já se realizara tanto na prática como na teoria. A intervenção estatal na radiodifusão tinha alguns motivos técnicos reais e plausíveis, relacionados à distribuição dos comprimentos de onda. Mas a esses foram adicionadas, ainda que sempre de forma controversa, instruções ou tentativas de instruções sociais mais gerais. Essa história social da radiodifusão pode ser ela própria discutida nos níveis da prática e dos princípios. Contudo, não é realista extraí-la de outro processo, talvez mais decisivo, através do qual, em situações econômicas específicas, um conjunto de dispositivos técnicos dispersos tornou-se uma tecnologia aplicada e, em seguida, uma tecnologia social.

Um regime fascista pode vislumbrar rapidamente o uso da radiodifusão para controle direto político e social. Isso, em todo caso, quando a tecnologia já tenha sido desenvolvida em outro lugar. Nas democracias capitalistas, o impulso à conversão de tecnologias dispersas em uma tecnologia não foi político, mas econômico. De Nipkow e Rosing a Baird, Jenkins e Zworykin, inventores caracteristicamente isolados encontraram, quando encontraram, o suporte para suas invenções nos atuais e nos futuros fabricantes interessados na venda do aparato técnico. A história das invenções é, em certo nível, a desses nomes isolados, mas, em outro, é a da EMI, da RCA e de uma lista de empresas e corporações semelhantes. Na história do cinema, o desenvolvimento capitalista foi principalmente em produção; a distribuição capitalista em grande escala se deu muito mais tarde, como uma forma de controlar e organizar um mercado para determinada produção. Na radiodifusão, no rádio e depois na televisão, o grande investimento foi nos meios de distribuição. Investiu-se na produção apenas o necessário para fazer a distribuição tecnicamente possível e atraente. Ao contrário de todas as tecnologias de comunicação anteriores, o rádio e a televisão foram *sistemas concebidos principalmente para transmissão e recepção como processos abstratos, com pouca ou nenhuma definição anterior de conteúdo.* Quando levantada a questão do conteúdo, observa-se que ela foi resolvida, em grande parte, de forma parasitária. Eventos de Estado, acontecimentos esportivos públicos, teatros e assim por diante seriam distribuídos comunicativamente por esses novos meios técnicos. *Portanto, não apenas o fornecimento de instalações de radiodifusão precedeu a demanda, mas os próprios meios de comunicação precederam seu conteúdo.*

A década de 1920 foi o período de desenvolvimento decisivo da radiodifusão sonora. Após os avanços técnicos na telegrafia sonora, desenvolvidos para fins militares durante a guerra, houve, ao mesmo tempo, a oportunidade econômica e a necessidade de uma nova definição social. Nenhuma nação ou grupo de fabricantes teve o monopólio dos meios técnicos de radiodifusão, e houve um período de intensa disputa, seguido por outro de concessão de licenças dos componentes básicos isolados de transmissão e recepção (o tubo de vácuo ou válvula, desenvolvido entre 1904 e 1913; o circuito de retroalimentação, desenvolvido a partir de 1912; os circuitos de neutrodino e heteródino, a partir de 1923). Crucialmente, em meados de 1920, houve uma série de soluções técnicas, guiada por investimentos, para o problema da construção de um receptor doméstico pequeno e simples, de que dependeu toda a transformação qualitativa da telegrafia sem fio à radiodifusão. No início da década de 1920 – 1923 e 1924 foram especialmente decisivos –, esse avanço se deu nas sociedades industriais principais: Estados Unidos, Grã-Bretanha, Alemanha e França. No fim dessa década, a indústria do rádio tinha se tornado um importante setor industrial, em meio a uma rápida expansão geral dos novos tipos de máquina que acabaram sendo chamados de "bens duráveis". Esse conjunto de bens incluía a motocicleta e o automóvel, a câmera fotográfica e seus sucessores, eletrodomésticos e aparelhos de rádio. Socialmente, esse conjunto de máquinas e aparelhos caracteriza-se pelas duas tendências aparentemente paradoxais, mas profundamente interligadas, da vida moderna industrial e urbana: por um lado, a mobilidade; por outro, à primeira vista mais autossuficientes, os lares. O período anterior de tecnologia pública, mais bem exemplificado pelas estradas de ferro e pela iluminação das cidades, era substituído por um tipo de tecnologia para o qual ainda não se tinha encontrado um nome satisfatório; essa que servia, ao mesmo tempo, a um estilo de vida móvel e focado no lar: uma forma de *privatização móvel*. A radiodifusão, em sua forma aplicada, foi um produto social dessa tendência distintiva.

As pressões contraditórias dessa fase da sociedade capitalista industrial de fato foram resolvidas, em determinado nível, pela instituição da radiodifusão. Em relação à mobilidade, ela foi parcialmente o impulso de uma curiosidade independente: o desejo de sair e de conhecer novos lugares. Mas foi, essencialmente, um impulso formado na ruptura e na dissolução dos tipos de assentamento menores e mais antigos e do trabalho produtivo. Os novos e crescentes assentamentos e organizações industriais demandavam, primeiro, grande mobilidade interna, e isso foi acompanhado por consequências secundárias na dispersão de famílias extensas e nas necessidades de novos tipos de organização social. Os processos sociais implícitos, durante muito tempo, na revolução do capitalismo industrial, foram então intensificados, especialmente a distância crescente entre as áreas residenciais imediatas e os locais de trabalho e de governo. Em parte nenhuma, um tipo eficaz de controle social sobre esses processos de transformação industrial e política foi alcançado nem sequer previsto. No entanto, o que havia sido conquistado na intensa luta social foi a melhoria das condições imediatas, dentro dos limites e das pressões desses processos decisivos em larga escala. Houve uma melhoria relativa dos salários e das condições de trabalho e uma mudança qualitativa na distribuição do dia, da semana e do ano, entre o trabalho e os períodos de folga. Esses dois efeitos combinados resultaram numa ênfase maior na melhoria da vida familiar. Essa privatização, ainda que simultaneamente uma realização eficaz e uma resposta defensiva, levou a uma necessidade imperativa de novos tipos de contato. Os novos lares podiam parecer privados e "autossuficientes", mas a manutenção deles dependia do financiamento regular e do abastecimento por fontes externas, e estas, desde o emprego e os preços às depressões e às guerras, tiveram uma influência decisiva e muitas vezes devastadora no que, ainda assim, era visto como um projeto separável da "família". Essa relação criou tanto a necessidade como a forma de um novo tipo de "comunicação": notícias vindas "de fora", de fontes até então inacessíveis. Já no drama das décadas de 1880 e 1890 (Ibsen, Tchekhov), essa estrutura aparecia: o centro de interesse dramático era, pela primeira vez, o lar, mas homens e mulheres olhavam das janelas ou esperavam ansiosamente por mensagens para aprender sobre forças "lá de fora", que determinariam suas condições de vida. A nova tecnologia do "consumidor", que alcançou a primeira fase decisiva na década de 1920, serviu a esse conjunto de necessidades dentro desses limites e dessas pressões. Houve melhorias imediatas na condição e na eficiência do lar privatizado; novos equipamentos, no transporte privado, para expedições a partir da casa; e então, no rádio, um aparelho para um novo tipo de subsídio social – notícias e entretenimento levados ao lar. Algumas pessoas referiam-se às novas máquinas como "aparatos", mas elas sempre foram muito mais do que isso. Elas foram a tecnologia aplicada de um conjunto de ênfases e respostas, dentro dos limites determinantes e das pressões da sociedade capitalista industrial.

O receptor de rádio barato é, então, um índice importante de uma condição e de uma resposta gerais. Foi especialmente saudado por todos aqueles que tiveram menos oportunidades sociais; que não tinham acesso de maneira independente aos diversos lugares de entretenimento e informação anteriores. A radiodifusão também pode assim servir, ou parece servir, como uma forma de consumo social *unificado*, em níveis mais gerais. O que tinha sido intensivamente promovido pelos fabricantes de rádio se articulou a esse tipo de necessidade social, definido dentro de limites e pressões gerais. Na fase inicial de produção de rádios, a transmissão foi concebida antes do conteúdo. No final da década de 1920, a rede estava lá, mas ainda em um nível baixo de definição de conteúdo. Foi na década de 1930, na segunda fase do rádio, que se deu a maioria dos avanços significativos no conteúdo. As redes de transmissão e recepção criaram, como um *subproduto*, as instalações de produção primária de radiodifusão. A definição social geral de "conteúdo" já estava presente.

Esse modelo teórico de desenvolvimento geral da radiodifusão é necessário para um entendimento do desenvolvimento particular da televisão. Pois, em teoria, a televisão, como meio técnico, poderia ter se desenvolvido de diversas maneiras. Após uma geração de televisão doméstica universal, não é fácil perceber isso. Mas continua a ser verdade que, depois de uma grande quantidade de intensa pesquisa e desenvolvimento, o aparelho de televisão doméstico é, em vários sentidos, um meio ineficiente de radiodifusão visual. A ineficiência visual por comparação com o cinema é especialmente notável, considerando que, no caso do rádio, havia na década de 1930 um receptor de radiodifusão sonora altamente eficiente, sem nenhuma concorrência real em seu próprio segmento. Nos limites de ênfase colocados no aparelho de TV doméstico, até agora não foi possível fazer mais do que pequenas melhorias qualitativas. Os sistemas de maior definição e cor só levaram o aparelho de televisão doméstico, como uma máquina, para o padrão de um tipo muito inferior de cinema. No entanto, a maioria das pessoas se adapta a esse meio visual inferior, em um tipo incomum de preferência por uma tecnologia imediata inferior, por causa do complexo social – especialmente aquele do lar privatizado – no qual a radiodifusão, como um sistema, é operacional. O cinema tinha permanecido em um nível anterior de definição social; foi e continua a ser um tipo especial de teatro, oferecendo obras específicas e distintas de um tipo geral. A radiodifusão, em contrapartida, ofereceu um consumo social: música, notícias, entretenimento, esporte. As vantagens dessa entrada geral no lar ultrapassaram, e muito, as vantagens tecnológicas da transmissão visual e da recepção no cinema, que eram restritas em oferta de obras específicas e segmentadas. Enquanto a radiodifusão

A TECNOLOGIA E A SOCIEDADE   41

foi confinada ao som, o poderoso meio visual do cinema foi uma alternativa imensamente popular. Mas, quando a radiodifusão tornou-se visual, a opção por suas vantagens sociais superou os déficits técnicos imediatos.

A transição para a radiodifusão televisiva teria ocorrido no fim da década de 1930 e no início dos anos 1940, se a guerra não tivesse interrompido o processo. Os serviços de televisão pública iniciaram-se na Grã-Bretanha em 1936 e nos Estados Unidos em 1939, mas com receptores ainda muito caros. O investimento total em instalações de transmissão e recepção não ocorreu até o fim da década de 1940 e o início dos anos 1950, mas o crescimento daí em diante foi muito rápido. As principais tendências sociais que levaram à definição da radiodifusão ganharam ainda mais destaque. Houve significativamente maior investimento no lar privatizado e as distâncias físicas e sociais entre essas casas e os centros decisivos políticos e produtivos da sociedade tornaram-se muito maiores. A radiodifusão, como desenvolvida no rádio, parecia um modelo inevitável: os transmissores centrais e os aparelhos domésticos.

A televisão, então, passou por algumas das mesmas fases do rádio. Essencialmente, também no caso da televisão, a tecnologia de transmissão e recepção foi desenvolvida antes do conteúdo, e partes importantes dele eram e mantiveram-se como subprodutos da tecnologia, em vez de empreendimentos independentes. Como exemplo, podemos recordar que, apenas depois da introdução da cor, programas televisivos "coloridos" foram planejados para persuadir as pessoas a comprar aparelhos em cores. Nos primeiros estágios, havia o conhecido parasitismo em eventos atuais: uma coroação, um grande acontecimento esportivo, uma apresentação teatral. Um parasitismo comparável no cinema demorou um pouco mais a aparecer, até que o declínio dessa indústria alterou os termos comerciais; agora está muito difundido, mais evidentemente nos Estados Unidos. Novamente como no rádio, no fim da primeira década, já existia uma significativa produção televisiva independente. Na metade e no fim da década de 1950, como no rádio em meados e no fim dos anos 1930, novos tipos de programa foram feitos para a televisão, e houve avanços muito importantes no uso produtivo do meio, incluindo, novamente em fase comparável à do rádio, alguns trabalhos originais.

Contudo, a complexa definição social e técnica de radiodifusão levou a inevitáveis dificuldades, especialmente no campo produtivo. O que a televisão poderia fazer de forma relativamente barata era transmitir algo que de todo modo já estava acontecendo ou tinha acontecido. Na cobertura de notícias, esportes e algumas áreas semelhantes, ela poderia oferecer um serviço de transmissão a um custo relativamente baixo. Entretanto, em todo tipo de trabalho novo que tinha de produzir, tornou-se um meio muito caro, dentro do modelo de radiodifusão. Nunca foi tão caro quanto o filme, mas o cinema, como meio de distribuição, pôde controlar diretamente as próprias receitas. Na radiodifusão, contudo, pela possibilidade que o receptor tinha de sintonizar os canais, ficou implícito que todos os programas podiam ser recebidos sem cobrança imediata. Poderia ter sido implantado – e ainda há essa possibilidade – um sistema socialmente financiado de produção e distribuição, no qual cobranças específicas e locais seriam desnecessárias; a BBC, com base no regime de licenças para receptores domésticos, chegou mais próximo disso. Com exceção dos casos de monopólio, que ainda existe em alguns sistemas controlados pelo Estado, os problemas de investimento para a produção são graves em qualquer sistema de radiodifusão.

Assim, no modelo de radiodifusão, havia essa profunda contradição entre transmissão centralizada e recepção privatizada. Uma resposta econômica foi o licenciamento. Outra, menos direta, foi o patrocínio comercial e a venda de espaço publicitário. Mas a crise no controle de produção e no financiamento tem sido endêmica na radiodifusão, precisamente por causa do modelo social e técnico adotado e que se consolidou. O problema, em vez de resolvido, é mascarado pelo fato de que, como tecnologia de transmissão – as funções em grande parte são limitadas à retransmissão e aos comentários sobre outros eventos –, algum equilíbrio pode ser atingido; uma receita limitada poderia financiar esse serviço limitado. Mas muitas das possibilidades criativas da televisão têm sido frustradas precisamente por essa solução aparente, e isso teve muito mais do que efeitos locais sobre os produtores e o equilíbrio dos programas. Quando há investimento tão pesado em um determinado modelo de comunicação social, tem-se um conjunto restritivo de instituições financeiras, de expectativas culturais e de desenvolvimentos técnicos específicos, que, embora possa ser visto superficialmente como o efeito de uma tecnologia, é na verdade um complexo social novo e central.

É nesse contexto que temos de examinar o desenvolvimento das instituições de radiodifusão e os usos que elas fizeram dos meios de comunicação, assim como os problemas sociais da nova fase técnica em que estamos prestes a entrar.

2.
INSTITUIÇÕES DA TECNOLOGIA

A. TIPOS DE DESENVOLVIMENTO INICIAL

A tecnologia de radiodifusão foi introduzida como um elemento marginal em estruturas sociais muito complexas. De fato, é difícil perceber quão marginal ela parecia ser na época, já que olhamos agora a partir de um período em que medidas relativas à radiodifusão se tornaram uma questão central da política. O fator-chave no período inicial, como já enfatizado, foi que o impulso direto surgiu dos fabricantes dos aparatos relacionados à radiodifusão, especialmente de receptores. Mas, devido à importância geral da radiotelefonia, sempre houve também outro tipo de pressão, de autoridades políticas: questões de segurança e integridade do Estado-nação eram implicitamente e, por vezes, explicitamente levantadas, mas se complicavam pelo fato de as autoridades pensarem principalmente na radiotelefonia, enquanto os fabricantes desejavam ansiosamente a radiodifusão. Na Grã-Bretanha, todos os transmissores e os receptores tinham de ser licenciados pelos Correios, conforme uma lei de 1904. Quando a companhia Marconi começou a transmitir sua programação, em 1920, houve reclamações de que o uso para entretenimento, de uma mídia concebida inicialmente para o comércio e o controle de transporte, era frívolo e perigoso, e a atividade chegou a ser proibida temporariamente, sob pressão de interesses radiotelefônicos e das Forças Armadas. Houve, então, negociações difíceis entre os fabricantes concorrentes, os Correios e o Comitê de Serviços Armados; e, em 1922, formou-se um consórcio de fabricantes, com o nome de British Broadcasting Company (BBC), que proveria programas sob os termos acordados com os Correios e o governo. As bases para esse acordo foram a concessão do monopólio para a empresa e a decisão de financiar a radiodifusão por meio da venda de licenças para receptores. Nos anos 1925 e 1926, depois de muita controvérsia e contínuas negociações, o que tinha sido essencialmente uma empresa de utilidade pública se tornou uma verdadeira corporação pública de radiodifusão: foram concedidos à BBC, que recebeu seu estatuto em 1926, os elementos de monopólio. Com o financiamento garantido pela venda de licenças, e como consequência da regulação, a empresa adquiriu a continuidade e os recursos necessários para se tornar uma produtora, não meramente uma transmissora. Essa mudança qualitativa na natureza da instituição nunca foi claramente prevista, pelo menos pela maioria dos envolvidos nas negociações, e seu potencial não teria se concretizado se a definição de radiodifusão como um serviço público – que, naquele tempo, significava muitas coisas diferentes – não tivesse sido considerada, pelos primeiros controladores, como uma política de programação positiva. Os elementos específicos da solução britânica podem ser divididos em três:

i)   O desenvolvimento precoce da Grã-Bretanha como uma sociedade industrial, com uma extensa rede de comunicações sobre uma área geográfica relativamente pequena, já tinha, em grande medida, "nacionalizado" a cultura do país. Isso havia levado, por exemplo, a uma imprensa predominantemente nacional.

ii) Uma versão dominante da cultura nacional já se estabelecera em uma classe dirigente atipicamente compacta, de modo que o serviço público pudesse ser de fato compreendido e administrado como um serviço compatível com os valores de uma definição pública já existente e com uma efetiva definição paternalista tanto de serviço como de responsabilidade.

iii) O caráter do Estado britânico que, por causa da coesão de sua classe dirigente, atuou, em muitas questões, por nomeação e delegação mais do que por uma administração de Estado centralizadora. Isso permitiu a emergência de corporação pública regulada e patrocinada pelo Estado que não estava ainda sujeita ao controle estatal detalhado. A flexibilidade latente nesse tipo de solução, ainda que fosse continuamente questão de disputa, permitiu a emergência de uma política de radiodifusão corporativa independente, cuja autonomia era mesmo real, especialmente em relação a partidos políticos e administrações temporárias, e qualificada, por ter sido definida nos termos de uma hegemonia cultural preexistente.

Esses foram fatores específicos, entre outros, que conformam um âmbito geral de pressões, já que a radiodifusão não só se desenvolveu numa sociedade capitalista, mas foi particularmente estimulada pelos fabricantes capitalistas dos aparatos tecnológicos. Quando examinamos as várias soluções adotadas pelas diferentes sociedades capitalistas, fica claro que a tecnologia não foi de forma nenhuma determinante. A negociação alcançada na Inglaterra entre Estado e interesses capitalistas se deu em termos de uma separação limitada de poderes. A solução mais comum, em sociedades de tamanho similar na Europa ocidental, foi a regulação da radiodifusão diretamente pelo Estado, inicialmente no nível da técnica e na regulação direta da produção em radiodifusão, como ainda é hoje na Itália e na França[1]. Em sociedades fascistas, o controle direto por parte do Estado era um instrumento político natural. Em sociedades comunistas, o controle estatal da radiodifusão foi racionalizado como garantia e instrumento de poder popular.

A solução alternativa, em direção bem diferente, foi aquela adotada nos Estados Unidos. Sempre houve pressão para regular a radiodifusão de acordo com o interesse nacional, mas os fabricantes de equipamento eram muito poderosos para ser controlados, e o consórcio competitivo que eles formaram conquistou espaço num mercado em rápida expansão. O controle federal só foi estabelecido depois que as consequências técnicas desse tipo de expansão se tornaram caóticas no nível da tecnologia. As primeiras redes de radiodifusão eram consórcios dos principais fabricantes, que adquiriam instalações para produção de programas como uma operação essencialmente secundária em relação à produção e à venda de aparelhos. O financiamento para produção, nessa situação altamente competitiva, era obtido por meio da publicidade, em suas duas formas: de inserção e de patrocínio. Nos Estados Unidos, mais claramente do que em qualquer outro lugar, porque ali todos os fatores de resistência eram menos fortes, as instituições realizaram as formas puras de uma simples tecnologia aplicada. As empresas fabricantes, tanto diretamente,

---

[1] A situação se alterou muito radicalmente na Itália e na França desde que este texto foi escrito, ainda que na direção prevista adiante neste livro. Na Itália, uma decisão judicial de que as leis existentes de radiodifusão contrariam o direito constitucional de liberdade de expressão resultou na aparição de estações locais e de TV a cabo semipiratas. Muitas delas foram depois agrupadas por Berlusconi em uma rede comercial nacional. Na França, a desregulamentação governamental resultou na privatização de um dos três canais estatais, que passou a veicular comerciais, enquanto outros três novos canais – Canal Plus, La Cinq e M6, foram lançados em três anos. Em geral, esses novos canais veiculam uma proporção maior de material dos Estados Unidos, alternado com comerciais. [Nota acrescentada por Ederyn Williams para a segunda edição do livro, em 1990.]

por meio da venda de aparelhos, como indiretamente, por meio do dinheiro gasto com propagandas, determinaram a forma das instituições radiodifusoras. Assim, a radiodifusão pública foi efetivamente, desde o início, um mercado competitivo. As principais redes, que começaram a se formar em 1926, tornaram-se as instituições características do rádio e, por fim, da televisão. O serviço público, no sentido amplo de não vinculado ao mercadológico, desenvolveu-se em uma estrutura já dominada por essas instituições. Quando finalmente emergiu, já havia um tipo clássico de controle regulatório feito pelo mercado, em que se inseriram, sempre com dificuldade e controvérsia, noções de interesse público não mercadológico. Até 1927, a competição de mercado era aberta e direta. De 1927 a 1932, a nova Comissão Federal do Rádio (CFR) organizou um sistema de alocação de frequências, e de 1932 a 1937, tentou controlar abusos específicos, como fraudes. Decidiu-se que as "vias áreas" (ondas sonoras) eram de propriedade pública, e foram concedidas licenças para os concorrentes utilizarem, sob controles técnicos e depois controles regulatórios para evitar abusos específicos. A partir de 1937, no rádio e no período inicial da televisão, a CFR, depois Comissão Federal de Comunicação (CFC), tentou manter o mercado competitivo aberto, contra fortes tendências de monopólio, especialmente na produção. Foi principalmente depois de 1944 que a CFC tentou definir o interesse público em outros termos que não somente aqueles relacionados à manutenção de um mercado aberto. Ela procurou introduzir padrões de utilidade social, de equidade política e de moralidade pública. No período de desenvolvimento da televisão, essas tentativas foram redobradas, mas a estrutura das instituições existentes levou a anomalias curiosas. Assim, a comissão poderia revogar a licença de uma emissora, mas não controlar de fato as redes a que algumas dessas emissoras pertenciam e a que outras eram afiliadas. Para a maioria da produção de programas, as redes eram obviamente responsáveis, mas os controles eram efetivamente exercidos sobre as emissoras. Essa anomalia ocorreu de ambos os lados. Uma administração política que vise a controlar ou limitar a liberdade da televisão (como sob o governo de Nixon nos anos 1972-1973) pode tentar coagir as emissoras individualmente para levá-las a pressionar as redes; principalmente para alterar o conteúdo político, especialmente em reportagens e análises de comentaristas. Isso é chamado de "controle comunitário" das redes "irresponsáveis", que são de fato grandes corporações privadas sem responsabilidade pública. No entanto, uma vez que as emissoras são compradas e vendidas e estão sujeitas a licenças, elas próprias são uma versão capitalista dos interesses da comunidade, mas um capitalismo de pequena escala, dependente das redes em grande escala para produção em radiodifusão de qualquer tipo completamente desenvolvido. Grande parte do debate sobre "televisão comunitária", em outras sociedades, mostra as mesmas características de competição desigual entre interesses de monopólio ou rede, capitalismo local ou pseudolocal de pequena escala e o poder político do Estado.

Então, é possível resumir o desenvolvimento básico inicial das instituições de televisão como um contraste ou uma competição entre instituições de "serviço público" e "comerciais". Na Grã-Bretanha, especialmente, essa parece ser uma perspectiva natural, desde que a definição única de "serviço público" da BBC foi, em meados da década de 1950, desafiada com êxito por uma rede comercial, que se tornou competidora: a Autoridade de Televisão Independente (depois, Autoridade de Radiodifusão Independente, com a adição de emissoras de rádio locais comerciais). Essa autoridade pública (pública no estatuto jurídico e no caráter da própria constituição; comercial por depender da renda das empresas contratadas) possui meios de transmissão, mas contrata muitas companhias regionais para a produção de programas. Essas obtêm os próprios fundos por meio da venda de tempo para inserção de propaganda. Assim, formaram-se uma rede e uma programação nacionais, com algumas variações locais, dominadas pelas maiores empresas das regiões mais ricas. Essa rede tem sido, desde o início, de tipo comercial, com uma relação ajustada entre o planejamento do programa "do horário nobre" e a venda de tempo para publicidade. Nesse sentido, o contraste entre a televisão de "serviço público" e "comercial" se mantém, e isso é significativo na programação (como será visto no Capítulo 4).

O mesmo tipo de cotejo, embora em termos mais limitados, pode ser feito nos Estados Unidos, onde o primeiro desenvolvimento foi comercial e um elemento de serviço público foi adicionado posteriormente, à margem ou como um paliativo. A Corporação Pública de Radiodifusão foi criada tarde, em 1967, baseando-se no trabalho anterior da organização da Televisão Educativa Nacional (que existia desde 1952) e o Laboratório Público de Radiodifusão. As emissoras locais desse tipo tinham sido criadas a partir da década de 1950 (por exemplo, a KQED, de São Francisco, em 1954), e desde 1962 recebiam subsídios federais para a associação e a cooperação entre emissoras. Ao longo de seu desenvolvimento, essa televisão de serviço público tem sido um parente pobre das redes comerciais. Os fundos de produção dela estão sujeitos a um controle central e, por isso, na verdade, à decisão política. As emissoras são sustentadas pelos próprios membros e sobrevivem com grande dificuldade apenas por meio de constante captação de recursos locais. Mais uma vez, no entanto, o contraste entre "serviço público" e "comercial" não tem apenas um significado institucional, mas também está relacionado à programação (veja a seguir, Capítulo 4).

Uma perspectiva tão útil assim não deve ser descartada displicentemente. Entretanto, ela deve ser revista de forma crítica em dois aspectos: primeiro, devemos ter em conta os termos usuais da ofensiva dos empresários da radiodifusão comercial contra ela; segundo, e mais importante, levar em conta a relação complicada entre uma autoridade pública e o Estado e os interesses econômicos e políticos das corporações.

Como na retórica geral de defesa do capitalismo, a radiodifusão comercial não chama a si mesma de comercial, muito menos de capitalista. Ela usa descrições de relações públicas como "livre" e "independente" e muitas vezes afirma se contrapor a "monopólio" e "controle do Estado". Essa retórica se dissolve quando examinamos o caráter das grandes corporações norte-americanas ou das empresas de programas britânicos. De maneiras diferentes, elas são conglomerados de interesses de capital consolidado. (A diferença entre elas vem da história anterior das instituições, em que as corporações norte-americanas pertencem ao espectro do grande capital, enquanto as empresas britânicas estão principalmente na faixa de médio e até de pequeno capital.) Independentemente de controles públicos ou de definições de política que possam existir, as instituições têm como objetivo primeiro a realização e a distribuição de lucro privado sobre o capital investido, e isso afeta visivelmente suas diretrizes. Em contrapartida, as instituições de serviço público são, de fato, sem fins lucrativos, cuja receita é dedicada quase inteiramente à produção e ao desenvolvimento do serviço de radiodifusão. Até esse ponto, o contraste ainda existe e precisa ser enfatizado.

No entanto, há, no nível seguinte, uma indubitável ambiguidade no interesse público e especialmente em sua relação com o Estado. Aqui uma retórica liberal pode ser igualmente confusa, pois não há nenhuma equação simples entre o Estado em uma sociedade capitalista e o interesse público em uma definição mais ampla. O ponto se torna ainda mais nebuloso pela existência de verdadeiros monopólios estatais na radiodifusão, como em sociedades que adotaram o modelo da União Soviética e como em alguns países em desenvolvimento e da

Europa ocidental. Aqui, o Estado pode ser corretamente identificado como uma versão partidária do interesse público (se aprovado ou não, por aqueles sujeitos a ela e por observadores, é outra questão) e o controle estatal de radiodifusão é uma função de controle geral do Estado sobre as informações e a ideologia. Onde as versões competitivas do interesse público foram de fato eliminadas, a situação é simples ou mesmo inexistente. Onde tais versões competitivas estão ativas, por exemplo, na França e na Itália, a equação entre Estado e interesse público é especialmente vulnerável, e isso leva não só a conflitos internos, mas, em condições modernas, a complicadas pressões internacionais, as quais teremos de examinar. Nos Estados Unidos, onde houve ação federal em resposta a muitas iniciativas públicas e locais, que estabeleceram uma rede limitada de serviço público, ainda não há sinal de que o interesse público contínuo, no sentido amplo do termo, tenha sido verdadeiramente isolado das pressões políticas temporárias de administrações particulares. Mas até mesmo onde tal isolamento existe, como, em certa medida, genuinamente, na Grã-Bretanha, com a BBC, a equação entre Estado e interesse público, no nível da fórmula da corporação pública ou autoridade, não deve ser aceita acriticamente. Em termos reais, afinal de contas, o governo nomeia as autoridades públicas: na Grã-Bretanha, ex-ministros e políticos e membros da burocracia administrativa disponível em regime integral ou parcial. Isso é feito com alguma habilidade e com o tipo de fachada de nomeações marginais de que um sistema como esse depende para ter aparente legitimidade. Mas, nessas condições convencionais, todas as propostas para a eleição direta de autoridades, para medidas de representações democráticas internas ou para o controle dos reais produtores e radiodifusores enfrentam forte oposição. As autoridades, da forma como atuam, são parte, então, de um sistema complicado de patronagem em que o Estado real, distinto do Estado formal, efetivamente se sustenta. Isso é muito menos rígido do que o controle formal através de um ministério e permite a controvérsia marginal entre os partidos políticos rivais. Na flexibilidade e na indefinição de algumas de suas estruturas, esse sistema permite certa independência real de pressões governamentais imediatas e de curto prazo. Mas acaba por depender de uma versão consensual de interesse "público" ou "nacional": um consenso que primeiro é presumido e, então, praticado vigorosamente, em vez de um consenso a que se chegou a partir de um debate aberto e que estará sempre sujeito, de forma aberta, à revisão.

50 TELEVISÃO

Além disso, em todos esses sistemas diferentes, os termos da discussão das instituições de radiodifusão permaneceram obstinadamente locais e marginais, enquanto a situação real tornou-se muito geral e altamente dinâmica. Essencialmente, o modo de discussão das instituições de radiodifusão manteve-se no que bem poderíamos chamar de etapa pré-1950, enquanto os desenvolvimentos, que ocorreram na década de 1950 e depois, abriram um mundo completamente diferente de radiodifusão.

B. TIPOS DE DESENVOLVIMENTO ATUAL

Em todo o mundo não comunista, o fator determinante no desenvolvimento da radiodifusão, desde a década de 1950, tem sido a expansão do sistema de comunicação norte-americano. Isso deve ser entendido em duas etapas relacionadas: a formação, nos Estados Unidos, de um sistema complexo de comunicação militar, político e industrial; e, em relação direta com isso, a operação desse sistema para penetrar na radiodifusão de todos os outros Estados vulneráveis[2].

Há uma estreita relação nos Estados Unidos, desde a Segunda Guerra Mundial, entre a pesquisa e o desenvolvimento das comunicações militares e políticas e o que ainda é pensado de forma separada como radiodifusão geral. Há contínua interação entre investimentos governamentais em novas comunicações e técnicas eletrônicas e o desenvolvimento geral das instalações de radiodifusão: o caso da televisão por satélite (a ser examinado em detalhes no Capítulo 6) é o mais extraordinário. Durante as décadas de 1950 e 1960, o quadro institucional da radiodifusão tornou-se muito complicado, com uma fronteira incerta entre as instituições militares, políticas e gerais. Assim, o Comitê Consultivo Interdepartamental de Rádio, preocupado com a atribuição das frequências, mudou do controle civil para militar, e essa ênfase foi estendida às negociações internacionais. No princípio da década de 1960, o Sistema Nacional de Comunicações, com uma diretoria para as telecomunicações, foi criado para fins governamentais diretos, mas surtiu algum efeito sobre o desenvolvimento da radiodifusão geral. A sobreposição dos contratos entre o Estado e as agências de rede e os laços entre corporações eletrônicas e de radiodifusão gerais (por exemplo, a Corporação de

---

[2] Sou especialmente grato nesta seção a Herbert I. Schiller, *Mass Communications and American Empire* (Nova York, Kelley, 1970). (N. A.)

Rádio da América, que é uma fabricante de eletrônicos, bem como a proprietária de uma das três principais redes, a Corporação Nacional de Radiodifusão) levaram a uma situação em que não foi possível separar, em categorias distintas, a eletrônica militar, os órgãos governamentais preocupados com a informação e a propaganda e as instituições mais visíveis da radiodifusão "comercial" geral. A partir disso, bastou um pequeno passo, mas deliberado, para a operação dessa rede em escala internacional, numa faixa que vai das comunicações espaciais e satélites de comunicação à exportação planejada da radiodifusão de propaganda, informação e entretenimento. Assim, o Departamento de Defesa possui uma rede mundial com 38 transmissores de televisão e mais de 200 de rádio, e a grande maioria do público não é norte-americana. A Agência de Informação dos Estados Unidos tem transmissores e prepara os programas para uso em países estrangeiros: muitos desses programas não são identificados, quando exibidos em emissoras estrangeiras controladas ou patrocinadas por norte-americanos, como produtos dessa agência. Essa intervenção governamental direta, para além das fronteiras, é ofuscada, em quantidade, pelas políticas dinâmicas de exportação das empresas de radiodifusão, numa gama de equipamentos e de gerenciamento de vendas de programas. Em mais de noventa países, as três principais corporações têm filiais, emissoras e contratos de rede; são particularmente fortes na América Latina, no Caribe, na África, na Ásia e no Oriente Médio. A partir dessa base, há pressão contínua, algumas delas já bem-sucedidas, para penetrar em sociedades com sistemas de radiodifusão desenvolvidos, nas quais várias formas de controle governamental local impediram uma expansão normal. Essa pressão inclui acordos com grupos locais, buscando a radiodifusão comercial e muitas vezes exigindo uma mudança da lei nacional. Em vários casos, incluindo algumas transmissões planejadas "piratas" – frequentemente representadas, em termos locais, como alguns pequenos operadores independentes agindo contra o monopólio estatal local –, o planejamento e o financiamento são dos Estados Unidos. Grande parte dessa penetração é vista apenas em termos de venda de programas, que é de fato importante, pois representa a diferença entre ganhos e perdas para toda a produção de telefilmes dos Estados Unidos. Em alguns países, esses programas inclusive já respondem por uma parte significativa (em alguns casos, pela maior parte) de toda a programação televisiva. Mas devemos considerar que a expansão serve também ao anunciante internacional, pois, num mundo de negócios, dominado por empresas multinacionais e subsidiárias dos Estados Unidos, o fornecimento de programas e de tipos de serviço que abrem caminho para a publicidade comercial internacional tem essa perspectiva inevitável. O caráter "comercial" da televisão, então, precisa ser visto em vários níveis: como a produção de programas para o lucro em um mercado conhecido; como um canal de publicidade; e como uma forma cultural e política diretamente moldada por e dependente das normas de uma sociedade capitalista, que vende tanto bens de consumo como um modo de vida baseado neles, em um *éthos* que é ao mesmo tempo gerado localmente, por interesses capitalistas e autoridades internas, e organizado internacionalmente, como um projeto político, pelo poder capitalista dominante. Então, não é exagero dizer que a transição geral, nos últimos vinte anos, do que era normalmente uma radiodifusão sonora nacional e controlada pelo Estado para o que são agora, em termos mundiais, as instituições predominantemente comerciais de televisão, é uma consequência dessa operação planejada pelos Estados Unidos. O que se apresenta superficialmente em um país após outro como um debate local, sendo rápida e persuasivamente descrito como uma escolha entre "monopólio estatal" e "transmissão independente" é, na esmagadora maioria dos casos, colocar-se a serviço desses interesses norte-americanos, de seus associados locais e das poderosas empresas de publicidade internacionais.

Os termos de uma velha discussão sobre instituições de radiodifusão, então, não são apenas inadequados, mas às vezes enganosos. No mundo em desenvolvimento, filmes antigos e programas de televisão são de fato despejados a preços que fazem qualquer produção local parecer ridiculamente cara em comparação com esses produtos de fora. Cria-se, então, um mercado em que o entretenimento disponível, a publicidade e a influência política e cultural geral constam em um único pacote "barato". Nos países desenvolvidos, incluindo aqueles em que a produção televisiva principal está em um patamar mais elevado do que nos Estados Unidos, o nível dos preços de exportação desses produtos norte-americanos é ainda competitivamente favorável em relação à produção nacional primária, e o grau de dependência de receitas publicitárias, dentro de uma instituição de radiodifusão, tende a determinar o quanto a porta será aberta para esse tipo de penetração comercial. Em qualquer país que resista a isso, emergem campanhas internas para uma mudança de política, em que setores locais das agências de publicidade internacionais estão fortemente envolvidos, e, como tem sido observado, existem as estratégicas emissoras de fronteira e os transmissores piratas, com o objetivo de "capturar" o público interno. Mesmo na Grã-Bretanha, onde havia uma tradição diversa forte, as campanhas para comercializar tanto a televisão como o rádio acabaram sendo bem-sucedidas, ao menos em parte. Em muitos outros países e especialmente nas sociedades pequenas e médias, que encontram um serviço de televisão de produção primária cara, a penetração efetiva agora está praticamente completa.

É nesse exato contexto que novos e poderosos meios técnicos são introduzidos: especialmente a transmissão de televisão por satélite. É claro que, em algumas sociedades com tradições e instituições nacionais estabelecidas de radiodifusão moderna, certos controles contra a comercialização global da televisão têm alguma chance de sucesso. Mas, ao longo de todo o período do monopólio capitalista das instituições de comunicação, tem sido evidente que o nível de exigência para a sobrevivência independente aumenta continuamente e, às vezes, de maneira drástica, conforme o mercado geral se expande. Assim como um jornal popular do século XIX, na Grã-Bretanha, podia sobreviver e prosperar com uma tiragem de 100 mil exemplares, mas está agora em perigo se não vender pelo menos 2 milhões de exemplares, um serviço de televisão, em condições de concorrência não controlada e, portanto, desigual, pode passar rapidamente da viabilidade saudável a uma crise financeira crônica. Se nada for feito, esse serviço pode render-se à tendência geral ou, mais sutilmente, mudar internamente para sobreviver nessa tendência: uma mudança que terá as origens claras nas pressões gerais, mas que será explicada como alguma forma de "modernização" independente.

Voltarei às questões relativas às instituições, especialmente no que se refere ao modo como se relacionam com as tecnologias novas e emergentes, no Capítulo 6. Enquanto isso, para recuperar a substância do meio, precisamos examinar mais detidamente a televisão como uma forma cultural.

3.

AS FORMAS DA TELEVISÃO

Há uma interação complexa entre a tecnologia da televisão e as formas obtidas de outros tipos de atividade cultural e social. Muitas pessoas dizem que a televisão é essencialmente uma combinação e o resultado do desenvolvimento de formas anteriores: o jornal, a reunião pública, a sala de aula, o teatro, o cinema, o estádio esportivo, os anúncios publicitários e os *outdoors*. O desenvolvimento tornou-se ainda mais complexo, em alguns casos, pelos precedentes do rádio, que precisam ser considerados. Claramente não é apenas questão de combinação e desenvolvimento. A adaptação das formas obtidas pela nova tecnologia levou, em muitos casos, a mudanças significativas e a algumas diferenças realmente qualitativas. Vale a pena examinar cada uma das principais formas com essas questões em mente. Mas, quando fizermos isso, será necessário também olhar para as formas claramente não derivadas e que podem ser vistas de maneira útil como formas inovadoras da própria televisão.

A. COMBINAÇÃO E DESENVOLVIMENTO DAS FORMAS ANTERIORES

I. NOTÍCIAS

O jornal já havia passado por todas as principais fases de desenvolvimento antes do início da radiodifusão de notícias. No princípio, o rádio dependia quase totalmente das agências de imprensa existentes para a produção de notícias. As técnicas de apresentação eram, no começo, simples transmissões de boletins das agências de notícias lidas por "locutores", considerados ao mesmo tempo autorizados e neutros, apesar de a "autoridade" e a "neutralidade" serem realmente das agências. O uso de repórteres especiais e correspondentes intensificou-se sobretudo durante a Segunda Guerra Mundial. Durante o período em que um serviço majoritário de televisão desenvolvia-se, havia instalações internas específicas para apuração de informação e apresentação das notícias, embora as agências de notícia gerais continuassem a ser utilizadas.

As relações entre o boletim radiofônico de notícias e o jornal, como formas, são, portanto, complicadas. Elas podem ser mais bem analisadas sob quatro títulos: sequência, prioridade, apresentação pessoal e visualização.

a) Sequência

A página impressa do jornal comum tinha se tornado, antes da televisão, um mosaico de itens. Jornais anteriores haviam seguido certa sequência, por meio da divisão em colunas. Mas, mesmo antes de essa divisão ter se desfeito no *layout* de mosaico comum na maioria dos jornais na década de 1920, o ato de ler uma página de jornal envolvia uma visada geral ou exploratória e, em seguida, dentro dos termos da seleção do jornal, o leitor escolhia os itens em que iria se concentrar. Já que certas páginas do periódico eram especializadas em determinados tipos de notícias e material conexo, qualquer página particular de mosaico era, ela mesma, selecionada, antes de o leitor começar a exploração dentro do mosaico propriamente dito.

Alguns elementos dessa apresentação praticamente simultânea de um número de itens de notícias foram tecnicamente possíveis e utilizados de forma limitada na radiodifusão. Mas o modo mais simples de apresentação na radiodifusão foi temporalmente linear. Nas emissoras de rádio britânicas, foi somente durante a guerra que as "manchetes", assim chamadas a partir da prática do jornal, foram colocadas no início do noticiário. Esse tipo de hierarquização agora é amplamente utilizado em noticiários de televisão, embora não de modo absoluto. A repetição dos principais pontos no fim do noticiário também é comum, mas não universal. Ainda que essas técnicas de atenção e repetição possam ser empregadas localmente, a principal forma do noticiário televisivo é, dentro da própria estrutura, linear.

b) Prioridades

A apresentação linear tem efeitos precisos sobre as questões de prioridade entre as notícias. A página do jornal em mosaico tem técnicas próprias para captar a atenção e indicar a importância relativa, mas estão, em certa medida, sujeitas à capacidade do leitor de encontrar o próprio caminho. Por sua vez, o boletim de notícias no rádio e na televisão tende a manter, de forma mais visível, um controle editorial de prioridade e atenção.

É impossível estimar os efeitos disso sem olharmos para o que já havia acontecido com as prioridades em diferentes tipos de jornal. Na Grã-Bretanha, por exemplo, uma comparação entre as principais notícias[3] mostrou variações específicas das prioridades em diferentes tipos de jornal. Uma comparação posterior com noticiários de rádio e televisão indicou que as prioridades da radiodifusão eram, em geral, as da imprensa para minorias. Nos Estados Unidos, a situação da imprensa é diferente, mas se mantém o mesmo ponto geral. A visão de mundo indicada pela seleção e pela relativa prioridade das notícias é muito semelhante entre noticiários de rádio e televisão e os jornais minoritários, escritos por e para os relativamente mais bem instruídos. A distribuição dos interesses na imprensa mais popular, que supostamente segue os interesses de leitores característicos, dificilmente pode ser encontrada em notícias de rádio e televisão, embora definições muito semelhantes do que é popular e interessante tendam a predominar também na programação não noticiosa.

Os efeitos disso são complexos. Pode-se dizer que os boletins de rádio e de televisão impõem determinadas prioridades e que, entre elas, estão as definições características da alta política, com ênfase centralizada nos atos e nas palavras dos líderes políticos. No entanto, embora essa seja uma verdade geral, os boletins televisivos nacionais fornecem mais notícias públicas do que todos os jornais, com exceção de alguns poucos. Além do mais, eles oferecem isso a um público muito vasto, de maneira que não aconteceria se tivéssemos apenas uma imprensa "minoritária" e uma imprensa "popular".

c) Apresentação

Na Grã-Bretanha, até a Segunda Guerra Mundial, o locutor de rádio era uma voz autorizada anônima (da classe dominante). A identificação pessoal foi introduzida apenas como uma medida de segurança, mediante a ameaça de invasão e captura das emissoras. Na televisão, a identificação pessoal tornou-se mais marcada, embora nos boletins da BBC seja ainda apenas levemente enfatizada, enquanto nos boletins da ITN, a fórmula é "a notícia com..." e, então, o

---

[3] Ver Raymond Williams, *Communications* (Londres, Penguin, 1966), p. 76-82.

58 TELEVISÃO

nome dos apresentadores[4]. Essa também é uma fórmula comum nos noticiários norte-americanos, mas, depois, como na maioria da televisão norte-americana, acrescentou-se a autoapresentação imediata.

Através de qualquer uma dessas fórmulas, a presença visual de um apresentador familiar afeta toda a situação de comunicação. A BBC, em um extremo, tenta continuamente limitar o apresentador a uma função de leitura, mostrando-o em um plano aberto recebendo papéis ou com os redatores de notícias visíveis atrás dele. No outro extremo, nos boletins mistos de notícias locais, nacionais e internacionais na televisão norte-americana, há uma informalidade estudada, que se destina a criar o efeito de um grupo de homens dizendo a você coisas que eles sabem que aconteceram. Mesmo nos boletins de rede, há menos ênfase em um roteiro e mais em uma apresentação pessoal. Além disso, nos noticiários de rede, um dos apresentadores normalmente termina com um tipo de comentário editorial, incluindo pontos relativamente controversos. Na emissora BBC, o comentário é estritamente separado do apresentador, e introduzem-se "correspondentes" especialistas para emitir o que é de fato – embora a neutralidade local seja normalmente mantida – uma interpretação editorial ou um ponto de vista.

A maioria das notícias de televisão agora inclui um grande número de matérias gravadas fora do estúdio, feita por repórteres no local ou nos arredores. Há, aqui também, uma variação da fórmula. Nos noticiários da BBC se diz "nosso repórter", mas assistimos à "reportagem dele". Em muitos boletins norte-americanos há uma identificação mais próxima entre a apresentação central e a substância da reportagem feita em um lugar distante. Essa diferença é muito marcada em termos de comentário e interpretação, que, pelo menos formalmente, em boletins da BBC, são colocados como pontos de vista de um editor ou um correspondente. Embora essas diferenças sejam muito importantes, a maioria delas é na prática ofuscada pela autoridade generalizada da apresentação como um todo.

---

[4] Nos últimos quinze anos, a BBC se aproximou do modelo norte-americano. Apresentadores de notícias dos dois canais principais agora são personalidades midiáticas: suas identidades são fortemente projetadas, e eles são apresentados não como meros leitores, mas como se acrescentassem a própria personalidade às notícias. (N. E. W.)

d) Visualização

Grande parte do conteúdo real da notícia foi alterada pela apresentação visual. Em certos tipos de reportagem, parece haver uma diferença absoluta entre o relato escrito ou falado e o registro visual com comentário. É verdade que muita coisa pode ser alterada por seleção e edição, mas claro que isso procede também para o relato de qualquer observador. Pode-se argumentar, com certa razão, que a sensação televisual de "ver os acontecimentos por si próprio" é, por vezes, e talvez sempre, enganosa. Importa muito, por exemplo, no relato visual de uma perturbação da ordem pública, se "a câmera" está filmando por cima da cabeça dos policiais que estão sendo apedrejados ou por cima da cabeça dos manifestantes que estão sendo atingidos por gás lacrimogêneo. A primeira situação é muito mais comum, e a exibição "equilibrada", que com frequência se pretende no comentário, raramente está presente visualmente – um fato que pode tornar a "neutralidade" do comentário essencialmente abstrata. Um intermediário está sempre presente, mesmo que não visível, e isso pode ser mais enganador do que situações em que a consciência de um intermediário é inevitável. Tal consciência, no entanto, é comumente absorvida, em um grau importante, pelo hábito e pela rotina, e, de fato, há muitos eventos que nos chegam através da câmera de televisão com menos processamento ou filtragem do que em qualquer outro meio. Isso teve efeitos importantes nas reportagens de guerras, catástrofes naturais e fome. O efeito também tem sido importante na questão dos líderes políticos, que estão agora menos protegidos por fórmulas de comunicação padrão, como "o presidente disse...", e que, apesar de muitos artifícios, são regularmente mais visíveis como pessoas por inteiro[5]. Isso gerou efeitos complicados e controversos em muitos dos estilos da política. No entanto, quando somamos os fatos gerais de visualização às seleções alteradas e às prioridades dos noticiários televisivos, temos que ver uma diferença qualitativa e quase certamente um ganho qualitativo, na televisão, em comparação com as notícias impressas. A imprensa, claro, mantém vantagens incomparáveis nos modos de reunir, recordar e averiguar as informações.

---

[5] É claro que isso é muito mais verdadeiro e mais amplamente reconhecido hoje, com os Estados Unidos tendo levado o uso da televisão ao extremo de eleger um ex-ator como presidente, enquanto, na Europa, os líderes políticos são agora regularmente avaliados e selecionados pelo apelo televisual. (N. E. W.)

Nesse contexto, deve-se notar uma diferença significativa entre a atual televisão britânica e a norte-americana. Os noticiários britânicos agora fazem uso mais intensivo de material visual, para além da apresentação imediata. Na verdade, às vezes é possível perceber, nos noticiários britânicos, se o tema está presente ou se tem essa prioridade, porque o videoteipe entrou. Ou, se a filmagem não está disponível, fotografias de pessoas e eventos envolvidos nas notícias preenchem toda a tela enquanto grande parte da reportagem é lida. Nos noticiários norte-americanos, por outro lado, as oportunidades mais óbvias para esse tipo de visualização – seja por vídeo, seja por fotos – parecem que são muitas vezes deliberadamente ignoradas. A principal experiência visual de um noticiário norte-americano é a dos leitores de notícias, com fundo visual muito simples, e, na prática atual, uma proporção significativamente menor de reportagens filmadas, especialmente no caso de notícias regionais. Acostumado à apresentação de notícias da televisão britânica, senti, depois de assistir a algumas semanas de noticiários de televisão norte-americana, que era necessário cunhar um novo termo: talvez "rádio visual". Ignoro todas as razões para essa diferença. Existem alguns problemas óbvios de distância física. Mas nos boletins regionais e locais, muitas oportunidades evidentes para apresentação visual foram desconsideradas. Isso, presumivelmente, barateia muito a execução do serviço de notícias. Por outro lado, em casos onde tenha havido uma boa reportagem visual, como em algumas filmagens potentes do Vietnã, o efeito é proporcionalmente muito mais impactante[6].

II. Debate e discussão

Não há dúvida de que a radiodifusão como um todo, e a televisão em especial, ampliou notavelmente as formas de discussão e debate públicos. Todas as formas anteriores, nas grandes sociedades, foram mais limitadas em caráter e dimensão. O sermão, a palestra, o discurso político eram obviamente mais limitados em seus pontos de vista imediatos. Somente em determinadas situações favoráveis havia escolha e variedade regular de pontos de vista, o que agora é comum até

---

[6] O advento da *electronic news gathering* (ENG) [apuração de notícias eletrônicas] na televisão dos Estados Unidos baixou drasticamente o custo da filmagem externa. Logo, as diferenças hoje entre as notícias nacionais da Grã-Bretanha e as notícias regionais dos Estados Unidos provavelmente são menos evidentes. (N. E. W.)

no conjunto limitado dos debates televisivos. Debates e reuniões públicas ou sessões de governo local e nacional alcançavam muito menos pessoas. Somente alguns jornais e revistas para um público minoritário abriram suas colunas a uma ampla gama de controvérsia.

No entanto, tem sido difícil reconhecer essa mudança qualitativa devido às diversas restrições ainda colocadas em toda a gama de debates. Em alguns serviços, há uma exclusão regular e praticamente absoluta de opiniões opositoras ou minoritárias. Quando há alguma mudança nisso, como em Praga, com Dubcek, a extensão da repressão, mas também do consequente potencial de libertação, pode ser vista como extraordinária. Então é útil comparar a situação em sociedades relativamente abertas, como a Grã-Bretanha e os Estados Unidos. À primeira vista, a televisão norte-americana é muito mais aberta ao debate público. Há uma diferença crucial no fato de que muitos processos públicos nos Estados Unidos, de audiências no Senado a conselhos de escolas locais, são transmitidos pelo rádio ou pela televisão. Na Grã-Bretanha, diferentemente, tem havido recusas repetidas de cobrir quaisquer sessões parlamentares[7]. Novamente há, nesse caso, o uso norte-americano da "mensagem de liberdade de expressão", que em geral se dá entre os comerciais. Isso exclui certas categorias de mensagem que estão sujeitas à lei ou à votação formal, mas inclui pontos de vista sobre uma vasta gama de ações e atitudes públicas, em que a responsabilidade é do orador. Novamente há, na televisão norte-americana, muito mais questionamento público dos funcionários locais eleitos, e isso inclui forte controvérsia entre eles – uma rara situação pública na Grã-Bretanha. O que pode ser dito em geral é que os elementos de transmissão da televisão são mais amplamente utilizados na prática norte-americana: uma interpretação em termos de acesso.

Na televisão britânica, em que esse tipo de acesso e entrada é muito menos comum, há por outro lado uma área muito mais ampla, especialmente organizada, de discussão e debate. Não me refiro apenas à existência de muito mais especiais e documentários controversos. É que, em horário nobre, na maioria dos canais, há muito mais programas de debate e discussão. Na atual televisão norte-americana, programas como esses – e realmente não há muitos –, na

---

[7] Quinze anos depois, a Câmara dos Comuns do Reino Unido está prestes a ser televisionada (embora a Câmara dos Lordes já o seja há vários anos). Nos Estados Unidos, existe um canal a cabo, C-Span, dedicado a transmitir eventos do Congresso. (N. E. W.)

maioria, são veiculados no serviço público e caracteristicamente apresentados através da personalidade de um entrevistador ou um moderador (*Bill Moyers' Journal*, *Firing Line*, *The Reasoner Report* ou *Sixty Minutes*, de William Buckley). O conjunto de programas britânicos, de *Panorama*, *Twenty-four Hours* e *Midweek* a *Man Alive*, *This Week* e *World in Action*, não é apenas muito mais amplo; é também mais autônomo – um serviço mais consistentemente organizado, em vez de acesso transmitido. Isso pode ser visto mais claramente se distinguirmos o tipo de programa que é uma continuação mais direta de uma forma anterior do debate público, o debate organizado e formal – nos Estados Unidos, *The Advocates*; na Grã-Bretanha, vários experimentos de curta duração. Aqui a formalidade da apresentação como debate, com um apresentador ou um moderador e certas regras de procedimento declaradas, explicita a natureza especial da discussão. Na televisão britânica, a maioria das discussões e dos debates possui de fato algumas regras básicas, expressas na abstração de conceitos como "justiça" e "equilíbrio", mas normalmente diluídas na apresentação real, recebendo pouca ou nenhuma ênfase. O que emerge, ou o que se pretende fazer emergir, é uma representação do estado de "opinião informada", com as próprias diferenças e nuanças internas. Temos, assim, o paradoxo de que, embora na televisão britânica haja discussão mais fundamentada e, em geral, mais séria de assuntos públicos do que na televisão norte-americana, o processo característico é ao mesmo tempo consensual e substitutivo. Alguns produtores tentam, às vezes com sucesso, sair um pouco desse modelo e desenvolvê-lo em termos de confronto ou de apresentação de diferenças irreconciliáveis. Mas o tom e o modo majoritários permanecem consensuais e a figura do interrogador ou do apresentador acaba por ser a de um verdadeiro "moderador".

Há também a questão da relação entre esses processos de discussão pública e a discussão no processo político representativo ortodoxo. A relação mais visível é de tensão. Nos Estados Unidos, o governo se ressente abertamente do poder das redes de apresentar debates a partir de uma posição independente. Na Grã-Bretanha, há contínuas acusações de favorecimento partidário, de um lado e de outro. Em relação aos líderes nacionais, a televisão norte-americana ainda em grande parte depende ou é limitada à forma de coletiva de imprensa, em que o líder recebe perguntas de um grupo de jornalistas em uma relação de status contida no formato de comunicação. Na Grã-Bretanha, por outro lado, há muito mais destaque para entrevistas e questionamentos diretos, muitas vezes de maneira crítica, em que ao líder e ao entrevistador são dadas posições de aparente igualdade. Naturalmente, discursos públicos dos líderes também são transmitidos diretamente, em ambos os tipos de televisão, em ocasiões especialmente importantes.

Ainda há outra dimensão bem diferente da relação entre o debate na televisão e o processo político ortodoxo. Em grande medida, esses usos da televisão servem para fazer a mediação entre o processo político e os eleitorados reais. É, nesse sentido, uma forma aparentemente pública, em que há um debate reativo e especulativo, de um processo de tomada de decisão em termos reais deslocado ou mesmo ausente. As exceções a isso são as transmissões norte-americanas diretas de audiências públicas e algumas das entrevistas dos ministros também transmitidas diretamente na televisão britânica. Nesses casos, o público permanece, evidentemente, do outro lado da tela; estamos assistindo a um processo que acontece distante de nós; podemos, então, de forma independente, responder a ele, embora de fato silenciosamente. Mas o que mais acontece é que um processo público, no nível de resposta e de pergunta, é *representado* por nós pelos intermediários da televisão. Não só as decisões e os eventos, mas também o que pretendem ser as respostas ajustadas a eles, vêm através de uma forma já preparada e mediada. Essas são, aparentemente, respostas dadas pelos "nossos" representantes, embora não os tenhamos elegido (como políticos eleitos, para seus próprios propósitos defensivos, muitas vezes são rápidos em apontar). Em qualquer sociedade grande e complexa, essa mediação da representação é especialmente importante, pois, em sua velocidade e sua disponibilidade geral, ela tende ao monopólio do processo reativo e não se torna menos um monopólio quando inclui um equilíbrio internamente selecionado e de diferenciação de opinião. Isso é especialmente importante pelo fato de que reforça as tendências dentro do processo ortodoxo da representação política, em que os representantes, entre as eleições, adquirem e reivindicam certo caráter absoluto; se não gostamos deles, e de suas medidas políticas, podemos mudá-los *nos momentos indicados*. Então, há essas maneiras diferentes de deslocamento e atenuação da representação, que podem ser sentidas, às vezes, como a própria ausência de representação. Elementos de oposição que estão fora das estruturas existentes de representação têm que encontrar outras maneiras de apresentar as suas observações: por petição ou *lobby*, direcionados a representantes existentes; ou com muito mais dificuldade, por ações e manifestações dirigidas às pessoas já "representadas". Caracteristicamente e em relação direta com a natureza da mediação da televisão atual, muitos de tais esforços são regidos pela tentativa de se tornar reais – ou seja, tornar-se presentes – em termos de televisão. Isso é obviamente verdade no caso da manifestação ou de um "acontecimento" produzido para atrair as câmeras. Mas, então, há um contraste evidente, de natureza estrutural, entre as respostas aparentemente fundamentadas da discussão organizada de estúdio e as respostas supostamente não fundamentadas, meramente demonstrativas, do evento visual organizado e marginal. Isso é por sua vez mediado frequentemente como um contraste entre respostas sérias informadas e respostas emocionais simplificadoras.

Um poderoso meio centralizador como a televisão pode, então, da mesma forma, como os processos representativos, mas centralizadores do governo, esgotar e mesmo afirmar que se esgotaram os processos necessariamente múltiplos e irregulares da verdadeira discussão pública. A política ortodoxa os esgota em um nível formalmente representativo. A televisão os esgota em um nível reativo. Em sociedades relativamente fechadas, essa exaustão pode ser quase total. Em sociedades relativamente abertas, também se tende à exaustão, e essa tendência é muito forte, desde que os meios de acesso e organização sejam financiados e permanentemente disponíveis, enquanto os meios alternativos dependem da criação e da recriação contínuas e, em qualquer caso, normalmente falta-lhes o alcance. As melhores discussões e os melhores debates da televisão na verdade são os que se abrem a pessoas não consideradas antecipadamente como já representadas; por exemplo, o programa *Open Door*, da BBC Two. Algumas das piores, por todas as suas habilidades internas, são aquelas que *simulam uma representação pelos próprios critérios*. Quando se trata, embora estaticamente, de uma tentativa de representação da opinião pública, isso quase sempre pode ser justificado dentro de técnicas e instituições atuais. Mas é mais provável que o critério operante seja o de uma representação da opinião *informada*, e aqui uma estrutura social distintiva produz uma forma distinguível de televisão.

O termo "informado" é às vezes interpretado como "publicamente tendo habilidades atestadas". Mais frequentemente, como "tendo acesso a fontes reais". Então, o que se materializa de fato é uma antessala da corte: "opinião informada" é o correspondente da Casa Branca, o que cobre o saguão do Congresso, o editor de política, o jornalista de economia. Eles são de fato mediadores, uma vez que suas habilidades e seus conhecimentos (portanto, as dimensões de suas discussões) são determinados pelo fato de que possuem acesso a esses âmbitos. Ao redor dos processos de decisão centralizados e apenas intermitentemente visíveis, desenvolve-se, na pior das hipóteses, uma sessão de fofocas políticas; na melhor, uma sessão de política de café. Não se pode dizer que o debate político seja de fato escutado; antes, é ouvido como uma conversa paralela, e a relação desses mediadores com os centros de decisão é duplicada na relação entre o público e os mediadores. Esse meio mais poderoso de apresentação pública está em grande parte limitado ao que é, em todos os níveis, uma mediação pretendida. O choque de vitalidade, quando outras concepções de debate e discussão ocasionalmente irrompem, é a melhor evidência do caráter inerte das conhecidas e agora ortodoxas rotinas de deslocamento.

III. EDUCAÇÃO

Práticas educativas como a palestra, a lição, a demonstração e a aula foram importadas pela televisão. Em muitos casos, as possibilidades do meio são percebidas extensivamente. As grandes audiências podem ser alcançadas por professores e palestrantes excepcionais. A demonstração visual de material raro ou complexo tem melhorado notavelmente a apresentação de aspectos das ciências físicas, da medicina, da geografia e de elementos do drama e da história. Um serviço educacional desenvolvido, como os programas da BBC ou da IBA, os programas escolares da televisão pública norte-americana ou a Universidade Aberta da Grã-Bretanha, é uma demonstração significativa de algumas das verdadeiras possibilidades da televisão. Existem problemas óbvios: as dificuldades técnicas para fazer perguntas e esclarecer dúvidas e, ainda, as dificuldades para tornar ativo o próprio trabalho do estudante. Essas questões têm sido mais bem resolvidas quando a televisão não tenta esgotar o processo de ensino/aprendizagem, mas se oferece como auxílio, em relação planejada com o trabalho dos professores em sala de aula ou em relação planejada com outros tipos de material (como os impressos da Universidade Aberta). Esses são usos que dependem e se relacionam com um programa educacional já organizado. No entanto, o alcance da televisão tem compreensivelmente motivado outros tipos de trabalho educacional, alguns deles destinados a grupos específicos (ensino de língua para grupos étnicos minoritários nos Estados Unidos ou para imigrantes na Grã-Bretanha); outros destinados a grupos vocacionais e de profissionais;

e há, ainda, uma zona indeterminada, em que os programas educacionais se distinguem dos de entretenimento, embora não estejam vinculados a nenhum grupo específico ou curso. Nessa última e muito importante área, as formas utilizadas costumam se afastar específica e deliberadamente das formas tradicionais de educação e devem ser consideradas separadamente.

IV. DRAMA

Especialmente durante os anos da guerra e do pós-guerra, houve um desenvolvimento significativo do drama radiofônico na Grã-Bretanha, e essa mudança, no que teve de melhor, implicou algo mais do que a transmissão direta de formas teatrais conhecidas.

Durante o período entre guerras, houve no teatro vários experimentos que tiveram vida curta, em estruturas dramáticas mais móveis e flexíveis, como alternativas para o drama do quarto fechado que tinha sido, desde a década de 1880, a forma teatral dominante. O trabalho de Sean O'Casey, em *The Silver Tassie*; de T. S. Eliot, em *Murder in the Cathedral*; e as importantes experiências teatrais do Group e Unity haviam feito algum progresso em estruturas dramáticas experimentais, mas apenas com encenações intermitentes e de curta temporada em teatros convencionais. A radiodifusão sonora, pela primeira vez, deu alguma base regular para esse tipo de experimento. A maioria do teatro de rádio era ainda ortodoxa, mas, no início da década de 1950, surgiu um conjunto significativo de novos trabalhos, como a transmissão de peças de Louis MacNeice e, sobretudo, a peça *Under Milk Wood*, de Dylan Thomas. O novo conceito de peça para vozes superava, em muitos casos, os pressupostos limitadores de um teatro de palco fechado em quarto. Uma nova mobilidade em tempo e espaço e uma nova flexibilidade na movimentação entre os tipos de expressão dramática – especialmente entre as convenções dos pensamentos e dos sentimentos "falados" e "não falados" – foram importantes ganhos reais. O que poderia ser visto, da posição teatral ortodoxa, como limitações do meio de transmissão tornaram-se oportunidades para diferentes tipos de criação dramática.

Quando a televisão tornou-se um serviço principal na sociedade, a situação mudou novamente. Foi possível transmitir apresentações teatrais ortodoxas e argumentar que o teatro na televisão era a realização definitiva da convenção naturalista original: o drama do pequeno quarto fechado, em que algumas personagens viviam sua experiência particular em um mundo público invisível para a plateia. Como, na arte do período, a principal estrutura de sentimento compartilhava desses princípios, não foi surpresa que muitas peças teatrais televisivas reproduzissem essa hipótese da natureza da realidade representativa. Esse foi o teatro da caixa no mesmo sentido fundamental em que o drama naturalista tinha sido o do palco emoldurado. As possibilidades técnicas comumente usadas correspondiam a essa estrutura de sentimento: a atmosfera interna fechada; o conflito interpessoal local; a proximidade em relação ao sentimento privado. Na verdade, essas ênfases poderiam ser vistas como caracterísitcas internas do próprio meio, quando na verdade eram uma seleção de algumas de suas propriedades, de acordo com a estrutura de sentimento dominante. Com essa perspectiva, foram realizados trabalhos potentes, de *Twelve Angry Men*, de Reginald Rose (Estados Unidos, 1954), a todo um conjunto de peças de isolamento e enclausuramento, até um caso tardio como *The Lie*, de Ingmar Bergman.

No entanto, por mais de meio século houve ainda uma relação especialmente interessante e complexa entre as estruturas dramáticas e os novos meios tecnológicos de produção. É significativo que o teatro mais avançado na Europa da década de 1890 – o de Strindberg, movendo-se em direção a *The Road to Damascus* e às peças de câmera – empregava meios dramáticos que iam além da reprodução de uma realidade externa observada e estática. Na verdade, esse é um dos exemplos mais marcantes das relações complexas entre novas formas de experiência e os novos tipos de tecnologia que Strindberg experimentava com imagens dramáticas na mesma década em que, em outro ambiente bem diferente, os pioneiros do cinema estavam descobrindo alguns dos meios técnicos que finalmente tornariam possíveis, e até mesmo banais, esses tipos de imagem. Strindberg, contra muitas das limitações do palco de teatro, tentava criar – como em *Dreamplay* – um fluxo de imagens capaz de mostrar alguns dos mundos particulares intensos vistos em condições de estresse, conflito, isolamento pessoal, sonho ou pesadelo. Nos filmes experimentais da década de 1920, especialmente na Alemanha, houve uma continuidade direta dessas experiências feitas por Strindberg, com novas técnicas que tornaram possível a mobilidade, a fragmentação ou a dissolução das coisas vistas, lembradas e imaginadas. Mas na década de 1920 havia também outro tipo de mobilidade dramática. O quarto fechado do drama naturalista – o mundo da família ou o do grupo privado – foi exposto, por novas técnicas, às pressões públicas, vistas como se o determinassem: não só na forma de *mensagens*

68 TELEVISÃO

vindas das ruas, bolsas de valores ou campos de batalha, mas também na *inclusão* dramática desses elementos em uma ação dramática indivisível. Enquanto isso, o desenvolvimento significativo da ação dramática pública em grande escala, no cinema de Griffith e Eisenstein, tinha transformado todo o nosso senso de possibilidade e de realidade dramáticas.

Em meados da década de 1950 – por volta do período em que o drama televisivo tornou-se uma forma majoritária –, cada uma dessas tendências já havia passado por importantes desenvolvimentos no cinema. No entanto, em algumas formas, a televisão começou a substituir o cinema como a grande instituição dramática. O público de cinema caía muito acentuadamente, enquanto na Grã-Bretanha, por exemplo, na década de 1960, poderia haver audiências televisivas de 10 milhões ou 12 milhões de pessoas para uma única obra dramática. As novas possibilidades do drama televisivo acarretaram uma resposta significativa e criativa. Os trabalhos de Paddy Chayefsky, a partir de *Marty*, em 1953, e de Reginald Rose e outros na metade e no fim da década de 1950, foram a contribuição mais inventiva em toda a televisão norte-americana. Em substância e método – o "olho explorador da câmera", a sensação de vida cotidiana, os ritmos recém-respeitados da linguagem do trabalho e das ruas e da privacidade autêntica (o que foi mais tarde descrito de modo assustador, ainda que de forma elogiosa, como "a escuta de uma conversa grampeada") –, esse novo drama televisivo estimulou trabalhos similares em outros lugares, embora nos Estados Unidos, devido a dificuldades de patrocínio, tenham sido reduzidos de modo lamentável. A série *Wednesday Play* da BBC, em meados da década de 1960, é o exemplo britânico mais notável de uma fase semelhante de inovação e exploração criativas. Embora os teatros sobreviventes ainda despertassem elogios e recebessem prestígio cultural, grande parte dos melhores trabalhos novos dos jovens dramaturgos, em meados da década de 1960, na Grã-Bretanha, ia diretamente para a televisão. Esse foi predominantemente um movimento dramático radical, aproveitando e desenvolvendo duas possibilidades principais: o drama de dissolução interna (*In Two Minds*, de David Mercer) e o drama de ação pública ou tensão entre o público e privado (as peças *Nigel Barton*, de Dennis Potter). A tetralogia de John Hopkins, *Talking to a Stranger*, explorou a possibilidade de alternância de pontos de vista em uma família que foi considerada, em uma sequência de quatro peças, da perspectiva dos quatro membros. Houve também um desenvolvimento significativo e controverso do drama-documentário, descrito à época como "questões sociais dramatizadas"; o exemplo mais conhecido é *Cathy Come Home*, de Jeremy Sandford.

Esse conjunto de obras foi desigual, mas a vitalidade do drama televisivo norte-americano na década de 1950 e do drama televisivo britânico na década de 1960 foi notável, em qualquer parâmetro que se adote. Na Grã-Bretanha, no início dos anos 1970, esse trabalho não havia desaparecido inteiramente; havia ainda muitos exemplos locais importantes. Mas, como anteriormente nos Estados Unidos, embora dentro de uma instituição imediata muito diferente, vários dos produtores e dos dramaturgos mais criativos foram empurrados para as margens. Esse processo havia sido também, significativamente, um movimento social. A existência de grandes audiências para essas peças perturbadoras e polêmicas foi, em muitos aspectos, embaraçosa para as autoridades de radiodifusão e para a opinião pública ortodoxa. A peça única, mesmo quando apresentada em uma série geral, dizia-se, em uma nova sabedoria convencional, "difícil de encaixar". Sob esse e outros tipos de pressão, um impulso importante foi perdido, talvez apenas temporariamente.

No entanto, em determinados níveis, a situação do drama teatral já se transformara. O que normalmente, nos teatros, era uma arte da minoria passou a ser uma forma pública principal. O cinema tinha precedido a televisão nisso, mas, em seus altos custos e em suas tendências ao monopólio, foi controlado por forças de fundo social e econômico. O custo comparativamente baixo da obra feita originalmente para a televisão, que poderia ser rapidamente exibida para um público muito amplo, representava uma nova dimensão de possibilidades culturais.

Ainda assim, o fenômeno do drama televisivo também deve ser examinado de outra forma bem diferente. Na maior parte do mundo, desde a propagação da televisão, houve um aumento de escala e intensidade da representação dramática sem precedentes na história da cultura humana. Muitas sociedades, embora não todas, têm uma longa história de algum tipo de representação dramática; mas, caracteristicamente, na maioria das sociedades, essas *performances* têm sido ocasionais ou sazonais. Nos últimos séculos, apresentações teatrais regulares aconteceram em grandes cidades e lugares turísticos. Mas nunca houve um tempo, até os últimos cinquenta anos, em que a maioria de qualquer população tivesse acesso regular e constante ao drama e fizesse uso desse acesso. Mesmo nesse último meio século, no auge da popularidade do cinema, os números na Grã-Bretanha indicavam uma média de menos de uma sessão *per capita*, por semana, na população adulta. É difícil conseguir quaisquer dados precisos comparativos para a televisão. Mas parece provável que, em sociedades como a da Grã-Bretanha e dos Estados Unidos, a maioria dos espectadores assista a mais drama em uma semana ou no fim de semana do que teria assistido durante um ano ou, em alguns casos, uma vida inteira em qualquer período histórico anterior. Não é incomum, para a maioria dos espectadores, ver duas ou três horas de drama, de vários tipos, todos os dias. As implicações disso mal começaram a ser consideradas. É claramente uma das características singulares das sociedades industriais avançadas o fato de o drama, como experiência, ter se tornado parte intrínseca da vida cotidiana, em um nível quantitativo tão mais elevado que em qualquer contexto anterior que sugere também uma mudança qualitativa fundamental. Quaisquer que sejam as razões sociais e culturais para isso, é claro que assistir à simulação dramática de uma vasta gama de experiências é agora uma parte essencial do padrão cultural moderno. Para dizer categoricamente, a maioria das pessoas passa mais tempo assistindo a vários tipos de drama do que cozinhando e comendo.

É fácil ver o efeito dessa dimensão nova e extraordinária das formas dramáticas. Além das características da obra individual de televisão, já discutidas, existe o fato significativo e com efeito central da série e do seriado televisivos. Eles têm precedentes no cinema e no rádio, e um precedente ainda anterior no folhetim, que se iniciou no fim do século XVIII e prosseguiu durante o XIX. Mas a proliferação recente deles tem sido grande. A série é a forma mais familiar: uma ação dramatizada dividida em episódios. A maioria dos precedentes culturais é para essa forma. O seriado tem poucos precedentes, situados sobretudo na ficção produzida depois do século XIX e no XX, especialmente em certas categorias: histórias de detetive, *westerns*, histórias infantis. Aqui, a continuidade não é de uma ação, mas de um ou mais personagens.

É claro que ambos, séries e seriados, oferecem vantagens para seus produtores: uma faixa horária, como é significativamente chamada, pode ser ocupada para exibição durante semanas, e, em seus elementos de continuidade, a série e o seriado incentivam o vínculo com determinada estação ou canal. Muitos dramaturgos de televisão agora escrevem episódios de séries ou seriados mais frequentemente do que obras dramáticas individuais. Assim, eles em geral escrevem dentro de uma formação estabelecida de situação e personagens principais, o que pode ser descrito como um coletivo, mas, mais frequentemente, é uma empresa dramática corporativa. Certas fórmulas de que depende a continuidade são, então, as convenções limitadoras dentro das quais esses escritores devem trabalhar.

É interessante notar o caráter altamente especializado da maioria dessas ficções seriadas. Detetives particulares e policiais, fazendeiros e caubóis, médicos e enfermeiros compõem a esmagadora maioria dos personagens na tela. Todos eles já eram tipos fictícios populares antes da televisão. No entanto, é pouco provável que tenha existido, antes da época das séries e dos seriados televisivos, algo como a atual proporção de atenção dramática ao crime e à doença.

No entanto, outros tipos interessantes de seriados têm sido produzidos: verdadeiros sucessores dos trabalhos realistas e naturalistas muito diversificados de um período ficcional anterior. Na Grã-Bretanha, *Coronation Street* é uma evocação distanciada, simplificada e prolongada de uma cultura em extinção: a das ruas urbanas da região norte durante a depressão, com suas consequências imediatas. Engajamentos mais sérios com a exibição da vida cotidiana, como em *A Family at War*, também dependiam de um retrospecto, e séries como *The Newcomers*, ambientada em uma cidade planejada, tiveram mais dificuldade para se firmar. Uma das mais bem-sucedidas tentativas de se envolver com a exibição da experiência contemporânea da maioria foi *The Riordans*, da televisão irlandesa.

Desde as origens no rádio comercial da década de 1930, muitas séries foram rebaixadas como "novelas". No entanto, a persistência e a popularidade delas são significativas, em um período em que grande parte dos dramas e das ficções tradicionalmente sérios tem se afastado da experiência social geral. A série, como uma forma, agora obtém prestígio na adaptação de obras conhecidas; na Grã-Bretanha, são significativamente anunciadas como "séries clássicas", muitas delas retransmitidas nos Estados Unidos, com uma qualificação não menos significativa: "obras-primas do teatro". Essa tentativa de mistura entre formas ficcionais literárias e dramáticas é interessante por si só. Mas a importância cultural da série, como uma forma essencialmente nova, não deve ser limitada a esse tipo de ratificação da tradição. Poucas formas na televisão têm a importância potencial de uma série original. Se a forma tem sido encoberta, compreensivelmente, pela ênfase "clássica" e, mais geralmente, pelas fórmulas de repertório das narrativas de crime e de doença, é porque se trata de uma mediação cultural particular, que precisamos entender e procurar maneiras de ir além.

V. Filmes

A televisão se difundiu num momento em que o público do cinema estava em declínio: seu desenvolvimento foi em geral uma causa e um efeito desse fato. Tornou-se óbvio que uma das fontes para a programação televisiva seria o enorme repertório de filmes já realizados, que – após algumas primeiras retenções devidas à concorrência – cada vez mais conquistaram lugar nas programações. Os filmes se encaixavam perfeitamente no modelo de radiodifusão como transmissão de obras já disponíveis. Sob os efeitos de uma concorrência estabelecida, estúdios e centros cinematográficos acabaram produzindo novos filmes para a distribuição em televisão.

Mas os meios de comunicação cinematográficos e televisivos são apenas superficialmente semelhantes. Existem muitas aproximações entre a composição básica deles, mas, na transmissão, os resultados são radicalmente diferentes. O tamanho da tela é o fator mais óbvio. Em determinadas situações, essa diferença pode alterar radicalmente o efeito da imagem, embora em outras situações o espectador possa ajustar por conta própria as proporções da tela. Certos efeitos espetaculares de batalha e tempestade, de monumentalidade e de um *close-up* deslumbrante se perdem ou se tornam menos potentes quando exibidos em tela menor[8]. Talvez ainda mais significativa seja a diferença de qualidade da luz televisiva quando comparada à da tela de cinema. Nesse caso, existem pequenas diferenças entre a Grã-Bretanha e os Estados Unidos, uma vez que, na Grã--Bretanha, na experiência de muitas pessoas, a tela da televisão é mais clara, mais luminosa e com melhor definição. Mas isso ainda é uma questão de grau dentro de uma diferença primordial. Grande parte da composição cinematográfica de luz e sombra é perdida na tela mais fosca, mais turva e mais cintilante da TV comum. Nela, os planos e as perspectivas da composição cinematográfica são também constantemente desfigurados.

A distribuição de filmes através das redes de televisão é, assim, diferente em qualidade da distribuição através das salas de cinema. Um grau de perda – no

---

[8] A recente renovação do cinema depois de décadas de declínio pode ser atribuída ao reconhecimento, nos últimos anos, por parte dos cineastas, de que eles devem utilizar o poder da tela grande. Filmes épicos sobre o espaço, como *Star Wars* ou *Contatos imediatos de terceiro grau*, fazem isso especialmente bem e são uma experiência bastante diferente quando vistos na televisão. (N. E. W.)

caso de alguns filmes, um grau mesmo inaceitável – é inevitável nas condições atuais. No entanto, para a maioria dos espectadores, o repertório de filmes de televisão é bem-vindo. Muitas pessoas comentavam comigo nos Estados Unidos – e por vezes eu mesmo tive essa sensação – de que os filmes eram a única boa razão para assistir à televisão. Não apenas porque muitos filmes são melhores que o material feito originalmente para a televisão, nas atuais condições de produção, mas também porque a disponibilidade de um repertório tão vasto – das intermináveis atrações de arquivo a filmes importantes e obras-primas – é uma situação completamente nova para a maioria dos espectadores. O acesso só é comparável àquele facultado por cinemas de repertório muito especializado e por acervos de alguns poucos centros culturais.

No entanto, essa vantagem, que deve ser vista como absoluta, é restringida por dois fatores: as limitações técnicas já mencionadas e o caráter da maioria dos contratos de distribuição comercial. Algumas das desvantagens técnicas provavelmente não serão superadas, embora tenha havido importantes trabalhos no ajuste da velocidade de quadros e na transferência através de sistemas de lentes especiais do filme para o videoteipe. O tamanho das telas domésticas permanece um grande problema, mas isso se dá, em parte, por função do caráter individualizado de ver televisão. É claro que um filme feito para o cinema perde muito da qualidade visual quando assistido na maioria das telas de televisão. Entretanto, a maioria das produções televisivas ganha enormemente quando assistida em telas maiores, disponíveis nas sedes das emissoras. Tive a oportunidade de assistir a um especial de televisão, que ajudei a produzir, em três condições diferentes: em uma ilha de edição, em um aparelho de TV em casa e em uma tela grande. As diferenças foram extraordinárias e achei significativo que a experiência menos satisfatória fosse a da visualização na TV comum. Algumas das que agora são descritas em geral como as "limitações técnicas da televisão como meio" estão fundamentalmente relacionadas aos padrões de utilização técnica no sistema de distribuição de pequeno porte centrado no lar.

O problema dos contratos de distribuição de filmes está, de forma semelhante, relacionado ao caráter comercial da indústria. O que se vende é um pacote: de um estúdio particular, determinada categoria, um diretor específico, determinado ator. Alguns desses pacotes são compatíveis com uma forma de programação que mereceria o título de "repertório". Os outros são claramente formas de *dumping*: a fim de obter um ou dois filmes, meia dúzia de outros devem ser comprados; em outros casos, compra-se material que seria a princípio invendável somente para se preencher uma faixa horária. Os efeitos desse sistema particular sobre a transmissão televisiva de filmes tem dado a todo o conjunto uma reputação pior do que ele merece, especialmente nos Estados Unidos, onde a distribuição característica (exceto em canais de serviço público) está sujeita ao processo de interrupção constante por comerciais e *trailers*. Esse efeito social muito específico, combinado com as dificuldades técnicas, foi incorporado às generalizações populares sobre "os filmes na TV", que, em qualquer análise real, devem ser repensadas considerando-se os fatores específicos e, em alguns casos, alteráveis. Isso é o mais necessário, uma vez que, se alguns dos problemas forem resolvidos, o filme poderia permanecer e se desenvolver como uma importante arte popular. Numa perspectiva mais comum e agora na moda, que reverbera as dificuldades específicas de distribuição do cinema atual e da televisão, o passado e o futuro do filme bem poderiam ser relegados a cinemas para minoria e aos acervos. Caracteristicamente – e com a televisão vista como inimiga –, há muita pressão contemporânea para essa solução. Mas esse tipo de saída, por mais atrativo que possa ser localmente, seria desastroso para o futuro da nossa arte moderna mais popular.

VI. VARIEDADES

Na análise cultural ortodoxa, há uma equação simples entre drama e teatro. Mas isso foi alterado em nosso século, quando o drama foi criado também no cinema, no rádio e na televisão. E, antes do nosso século, houve uma divisão cultural importante, entre o que era chamado de teatro "legítimo" e (se não ilegítimo) teatro de "variedades". Isso remonta, significativamente, ao período da restauração na Grã-Bretanha e carrega muitas marcas de uma cultura conscientemente dividida em classes. Os espetáculos e as diversas formas de pantomima, geralmente contrastadas com o "drama" – embora, claramente, com muitos exemplos misturados – estão entre as primeiras formas. Nos séculos XVIII e XIX, o teatro de variedades desenvolveu-se intensamente em diversos níveis sociais. Uma das formas características do desenvolvimento industrial urbano foi o *music hall*, que, em um ambiente muito específico, apresentava uma mistura de canto, dança, exibição física e novos tipos de comédia. Essa mistura cultural que se desenvolveu nos teatros de variedades e, em seguida, nos *music halls* é, em muitos aspectos, o precedente de uma parte importante da televisão.

Havia um elemento de participação nos *music halls* que os diferenciava dos teatros de variedades; em alguns casos, as pessoas podiam se encontrar, beber e circular, como nos teatros populares anteriores; em muitos dos *music halls*, havia resposta animada e constante. Mas esse elemento de participação era apenas uma parte da nova formação. Igualmente importante foi a descoberta de formas que apresentavam e interpretavam as experiências e os interesses contemporâneos dos novos públicos. A maioria dos dramas dos teatros legítimos do período ainda não era contemporânea em estilo ou em conteúdo e normalmente pertencia a um nível diferente da vida social. Os teatros de variedades e os *music halls* passaram a incluir experiências e respostas contemporâneas pelo menos uma geração antes da revolução naturalista no drama. Parte do material desses espetáculos foi vista, desde o início, como pertencente à cultura "baixa". Mas, na verdade, havia uma experiência dramática mais significativa no melodrama do início e de meados do século XIX do que no teatro "elevado" do mesmo período. Em alguns esquetes, burlescos, *extravaganzas* e similares, havia pelo menos muito mais vitalidade. E no *music hall*, especialmente, surgiu uma geração de artistas solo, cuja linhagem desde então não foi interrompida: os artistas chamados de animadores e comediantes. Canções, monólogos, esquetes e rotinas deles têm precedentes em uma longa tradição da atuação cômica, mas a apresentação como artistas individuais foi de fato inédita.

Desde o início, essas formas eram misturadas. O artista solo poderia ser o homem que articulava elementos de uma nova experiência social, através de uma caracterização específica. A esse respeito, há uma continuidade real entre os primeiros artistas de *music hall*, como Sam Hall, e comediantes de rádio e televisão, como Tony Hancock[9]. Mas o *music hall* sempre incluía (e os teatros de variedade incorporaram) articulações diferentes: os espetáculos de brilho e luxo, deliberadamente oferecidos a um público relativamente monótono ou carente; esses lampejos da vida na "alta sociedade", com a exposição de cenários caros, habitados por uma sucessão de "Champagne Charlies", como eram denominados

---

[9] Para aqueles que não conheceram Tony Hancock, os equivalentes de hoje seriam Ronnie Barker, no Reino Unido, e Bill Cosby, nos Estados Unidos. (N. E. W.)

esses personagens representados pelos artistas solo. Nos números físicos de malabaristas, acrobatas, ventríloquos e ilusionistas, todas as habilidades tradicionais de artistas profissionais encontraram um novo lugar; houve, nesse caso, uma continuidade real dos *music halls* na tela da televisão. Mas os espetáculos que mostravam a "alta sociedade" eram diferentes; foram planejados para um público que supostamente observava do lado de fora e, cada vez mais, retratavam não uma vida real e na moda, mas, de maneira interessante, um exagero espetacular dos bens externos daquela classe, nas formas negociáveis de enfeites e lantejoulas em vez de, digamos, diamantes. Esse tipo de exibição atravessou o cinema hollywoodiano na década de 1930 e é ainda uma parte significativa do entretenimento na televisão: exemplos óbvios incluem Liberace, a maioria dos shows feita para cantores e, na Grã-Bretanha, *Black and White Minstrels*[10].

Outros tipos de artista solo fizeram a passagem direta entre o teatro de variedades ou o *music hall* e a televisão contemporânea. Uma proporção significativa do que abstratamente pode ser classificado como drama televisivo é composta de fato de esquetes do teatro de variedades. Da mesma forma, mantiveram-se os elementos de melodrama. Os esquetes satíricos e as revistas dos pequenos teatros e clubes noturnos encontraram público muito mais amplo na televisão, embora essa popularidade tenha levado muitas vezes a pressões autoritárias contra eles. Artistas formados nas turnês de *music hall* e em teatro de variedades encontraram dificuldades evidentes na transição para o rádio e a televisão, mesmo porque o material era usado mais rapidamente. Mas shows foram feitos em torno desses artistas, e uma nova geração de escritores de variedades surgiu para produzir textos para eles. Juntamente com o drama popular e as séries, esses shows chegaram a formar a maior parte da programação televisiva para o grande público.

Na maioria desses casos, houve uma adaptação de formas mais antigas para a tecnologia televisiva e as novas relações com as audiências. Mas existem outros exemplos, como a evolução tanto do artista solo quanto dos esquetes de variedades na "comédia de situação". Algumas dessas comédias não são uma evolução das formas anteriores, mas apenas uma adaptação delas. Em alguns casos muito importantes e populares, de *Steptoe and Son* a *Till Death Us Do*

---

[10] Os shows com todos cantando e dançando parecem ter quase desaparecido no fim da década de 1980, talvez porque lhes falte a personalidade individual atraente, que está se tornando, à medida que canais múltiplos fragmentam a audiência, um fator cada vez mais importante para a garantia de popularidade. (N. E. W.)

Part e *All in the Family,* uma forma efetivamente nova foi criada e precisa ser considerada separadamente.

VII. ESPORTE

A televisão é considerada o meio e, provavelmente, a causa do surgimento do "esporte para espectadores", mas essa é uma simplificação. Sempre houve algum tipo de evento esportivo para espectadores, de gladiadores ao açulamento de ursos, e há uma verdadeira sobreposição entre o circo – em si uma forma relativamente moderna, baseando-se em habilidades mais antigas da exibição física e treino de animais – e o teatro de variedades: uma sobreposição que se repete na televisão. Mas "esporte para espectadores", como um conceito em relação a outros tipos de jogo, é um fenômeno mais complexo. Agora é comum dizer que os eventos com gladiadores, açuladores de ursos e habilidades do circo não são "esportivos", mas, sim, de "entretenimento". O termo "esporte" descreve outros tipos de exercício físico organizado: os jogos de futebol, golfe, tênis, e assim por diante. Na verdade, as velhas habilidades básicas de correr, saltar e lançar, generalizadas como atletismo, foram em muitas sociedades anteriores "esportes para espectadores", no sentido de que compuseram o centro de festivais organizados. No entanto, o desenvolvimento do evento esportivo para espectadores no sentido moderno pertence a uma fase urbana industrial da cultura. Na Grã-Bretanha, a liga de futebol e as formas populares mais organizadas de corridas de cavalo começaram no terceiro quartel do século XIX, e o progresso e a expansão deles são índices do desenvolvimento de um novo sistema de lazer urbano.

Assim, o extraordinário desenvolvimento dos muitos tipos de eventos esportivos profissionais para espectadores no século XX antecede a radiodifusão. O rádio e a televisão surgiram para satisfazer e estender um hábito cultural já desenvolvido. No entanto, nessa extensão houve outros efeitos. O esporte na televisão tem um efeito sobre a presença de público em eventos esportivos menores e, por isso, é controlado em alguns casos. Nos últimos dez anos, especialmente no golfe e no tênis, cada vez mais as temporadas são planejadas para a televisão, e isso teve efeitos importantes na organização interna e profissional – entre outros, trazendo ganhos financeiros muito superiores aos jogadores[11]. Esses são os

---

[11] Nos últimos quinze anos surgiram outros exemplos marcantes. A televisão tem elevado o atletismo, o bilhar e até mesmo o arremesso de dardos ao status de esportes importantes, mas

aspectos enfatizados quando se critica a televisão como uma agência de eventos e comercialização do esporte, e alguns dos efeitos, incluindo os de patrocínio, são, sem dúvida, importantes. Em alguns casos, os velhos órgãos dirigentes de esporte são desafiados ou substituídos pelos novos interesses comerciais e patrocínios internacionais, com efeitos variados. O esporte pode ficar mais bem organizado, mas também pode ser associado a interesses irrelevantes ou contraditórios, como a venda de cigarro: as companhias de tabaco, reagindo aos controles governamentais sobre a publicidade do cigarro, têm atuado significativamente no patrocínio esportivo. No entanto, devemos também reconhecer que a transmissão televisiva regular de uma vasta gama de esportes criou novos interesses, não só entre os espectadores, mas também entre os potenciais participantes. Há uma vasta subcultura de fofoca esportiva que toma uma grande parte do tempo de televisão, mas que basicamente já existia nos jornais. As redes esportivas nacionais e internacionais formam uma dimensão social cada vez mais significativa na cultura urbana industrial. Em todas essas tendências e todos esses efeitos essencialmente variados, a televisão tem sido mais um poderoso vetor de certos movimentos já em curso na sociedade industrial do que um elemento distintivamente formador. Ao mesmo tempo, algumas das melhores coberturas televisivas de esporte, com grandes planos detalhados e variedade de perspectivas, deram-nos uma nova emoção e um senso de imediatismo ao assistirmos à ação física e, até mesmo, um novo tipo de experiência visual.

VIII. PUBLICIDADE

Costuma-se dizer que a publicidade é tão antiga quanto a sociedade urbana e, sem dúvida, ela cresceu com a expansão do comércio nas primeiras sociedades capitalistas. No entanto, ocorreu uma mudança qualitativa em uma data muito posterior: no fim do século XIX, na Grã-Bretanha, mudança relacionada principalmente à evolução corporativa na produção e na distribuição e à tentativa, após crises do grande comércio, de organizar, em vez de simplesmente atender a ou informar um mercado. Em jornais, em painéis e *outdoors*, a publicidade

---

o jogo de futebol, o esporte mais popular do mundo, nunca teve uma chance nos Estados Unidos, porque os dois tempos corridos de 45 minutos foram considerados um intervalo muito longo entre os comerciais. (N. E. W.)

já era um dos principais recursos antes do início da radiodifusão. Em algumas sociedades, como a dos Estados Unidos, tornou-se a atividade em torno da qual o rádio e a televisão se organizaram, bem como a principal fonte do financiamento da radiodifusão. Na Grã-Bretanha, contudo, a publicidade tornou-se importante na radiodifusão apenas na década de 1950, para a televisão, e no início da década de 1970, para o rádio. Nos Estados Unidos, a publicidade foi um elemento central, determinando certas qualidades dos meios de comunicação; no entanto, a comparação com a realidade britânica mostra que essa atividade não é uma característica própria da radiodifusão, mas dos usos dela em uma sociedade específica.

O patrocínio de programas por anunciantes tem um efeito para além do anúncio separável e da recomendação de uma marca. Como fórmula de comunicação, é uma definição intrínseca de prioridades: uma indicação partidária de fontes sociais reais. Em alguns seriados norte-americanos, a agência de publicidade participa da seleção e do desenvolvimento de ideias e roteiros, e isso influencia no conteúdo, tanto por meio da aprovação como da negação de certos temas e ideias. Desse modo, quando vemos notícias internacionais apresentadas por cortesia de uma pasta de dentes, não devemos separar esses elementos, pois neles estão os contornos de uma forma cultural dominante. A inserção de anúncios em programas sem patrocínio é uma fórmula diferente; teve, como veremos, efeitos extraordinários na televisão como uma experiência sequencial e criou ritmos visuais completamente novos. Com efeito, é possível ver esse tipo de televisão como uma sequência orgânica de que os anúncios fazem parte, em vez de uma programação interrompida por propagandas. Essa questão será discutida com mais detalhes adiante.

Muitos anúncios de televisão, especialmente em canais locais e regionais, pertencem a um tipo antigo de comerciais com vários estilos de recomendação ou convite. A publicidade nas redes de televisão é diferente; contém algumas informações, mas se baseia nestes outros usos do meio:

a)   situações rapidamente dramatizadas, de tipo aparentemente geral, em que a resposta controladora – à dor, à ansiedade, à necessidade de melhorar a atratividade ou ao prazer – é expressamente direcionada a um produto de marca. Bastante concentrada em cosméticos, alimentos embalados e (bem mais frequente nos Estados Unidos do que na Grã-Bretanha) drogas e medicamentos patenteados, ela interage por meio dos estilos com os tipos de drama – e, podemos também dizer, os tipos de simulação humana – que são comuns no conteúdo da "programação";

b) técnicas de entretenimento, estilos atuais de canto e dança, remodelados de acordo com recomendações de produtos e associações;

c) sequências de imagens de esporte, lazer e viagens, em que o produto é inserido;

d) a utilização de artistas de televisão, como eles mesmos ou no papel de seus personagens, que aparecem usando os produtos ou recomendando-os.

As continuidades reais existentes entre a impressão, o cartaz publicitário e a publicidade televisiva certamente precisam ser salientadas. Existem elementos comuns de recomendação prestigiosa e de deslocamento emocional (de uma necessidade, uma ansiedade, um medo ou um desejo) para uma marca de produto. Mas, na televisão comercial, há novos elementos poderosos de ênfase visual e auditiva que só podem ser completamente compreendidos caso se reconheça e se enfatize sua interação com o material não publicitário. A redução de vários estilos de vida e de situações características a convenções televisuais "de ação rápida" é, portanto, um traço não só dos comerciais, mas do próprio tipo de televisão em que essa publicidade é importante. A adesão dessas convenções a uma gama de produtos pode ser analisada separadamente, mas as especializações específicas para produtos e marcas são, ao fim, menos importantes do que o modo convencional comum como as definições de necessidade, satisfação e ansiedade são geralmente feitas. Essas são evidências do caráter de uma cultura dominante, em que as necessidades e as satisfações são mediadas, em um gradiente muito extenso, mais em termos de *commodities* do que em termos de uma empresa comercial separável e marginal. Devido às características sequenciais e integradoras da televisão em quase todos os usos e os sistemas existentes, essa relação orgânica entre comerciais e outros tipos de material é muito mais evidente do que em qualquer outro momento de sistemas anteriores de publicidade, e a publicidade televisiva é, nesse sentido, qualitativamente diferente da imprensa, do cartaz e da exibição publicitária isolada de qualquer período (embora a nova relação tenha sido imitada em algumas revistas coloridas recentes).

IX. Passatempos

Uma parte surpreendentemente grande da televisão, embora mais nos Estados Unidos do que na Grã-Bretanha, consiste em versões programadas das formas anteriores de jogos e passatempos. Vários jogos de salão, que haviam de fato desaparecido, foram reestruturados como shows televisivos e tornaram-se programas de perguntas e respostas e de adivinhação. Em muitos casos, a mudança consistiu quase totalmente em apresentar publicamente o que era antes uma atividade familiar ou de um grupo privado. As novidades são o apresentador (que tem alguns precedentes nos mais antigos mestres de cerimônias) e, mais significativamente, os prêmios bem maiores. Há uma conexão cultural direta entre o *éthos* e as convenções de muitos comerciais e esses jogos geralmente simples, disputados por prêmios caros ou vultosas somas de dinheiro. Os jogos e os passatempos de grupos reais são projetados e ampliados como convenções de competição insignificante; agora, com importantes aquisições.

Houve outras mudanças mais profundas. Shows como *The Dating Game*, por exemplo, são imitações especulativas e artificiais de vários tipos de relacionamento pessoal: entre potenciais parceiros, maridos e esposas, pais e filhos. Os processos comuns de compreensão humana, julgamento e escolha são transformados em jogos projetados para o entretenimento dos outros: em alguns casos despretensiosos, como em algumas outras formas sociais anteriores; em um número significativo de casos, de modo bastante alienado, com a relação sendo transformada em material para embaraço deliberado ou futura aquisição. Houve um caso extremo desse tipo em um programa que teve vida curta em São Francisco e que era de fato (com técnicas de chamadas telefônicas) uma utilização da televisão para a prostituição. Ultrapassou-se determinada linha cultural, e o programa foi tirado do ar (apesar de existirem vários assim em rádio). De certa forma, esse programa tinha seguido a lógica de muitos comerciais televisivos que apresentam as pessoas por meio de características que podem ser isoladas e negociadas. Com efeito, se o modo dominante da percepção e da interação humanas é, em geral, muito mediado por *commodities*, embora se tenha continuamente de lutar com percepções e relações mais diretas, há certa base real nesses programas, em que os humanos e suas características destacáveis são apresentados como *commodities*, para compra ou, mais geral e discretamente, para exibição em vitrines.

B. FORMAS NOVAS E MISTAS

Vimos que houve algumas inovações significativas na utilização feita pela televisão de formas culturais anteriores. Já abordamos, por exemplo, a visualização de notícias e o desenvolvimento de novos tipos de séries dramáticas, novos tipos de convenções para venda, novas formas de apresentação de jogos. É claro que a televisão dependeu muito das formas já existentes e que a principal inovação foi a extensão delas, tanto qualitativa como quantitativa. Mas, às inovações significativas dentro das formas, devemos agora adicionar algumas formas possivelmente novas em que a televisão foi pioneira. Raramente há, como veremos, absoluta inovação, mas algumas dessas novas formas ao menos parecem qualitativamente diferentes.

I. Drama-documentário

Um novo tipo de drama-documentário foi abordado rapidamente na discussão mais geral sobre o uso que a televisão fez de formas dramáticas existentes. Mas o drama-documentário é tão importante que deve ser discutido separadamente. Ele se fundamenta naquilo que é considerado elemento intrínseco da televisão: a capacidade de penetrar em uma situação e mostrar o que está de fato acontecendo nela. É claro que em todos os casos existe mediação: diretores, cinegrafistas e repórteres selecionam e apresentam o que está acontecendo. Assim, há uma sobreposição intrínseca entre o que é classificado como reportagem e o que é classificado como apresentação dramática. Essa sobreposição é muitas vezes confusa, e uma boa dose de atenção foi dada a suas consequências negativas: a seleção e a distorção da notícia, a promoção ou a difamação de indivíduos.

No entanto, a sobreposição também deve ser vista em suas consequências positivas. Pode ser mais fácil fazer isso se lembrarmos que, em muitas artes – especialmente no filme e no romance –, a distinção convencional entre a "realidade" e a "ficção" tem sido repensada e reformulada em nossa própria geração. Na televisão britânica, já houve casos de "misturas" interessantes: *Cathy Come Home* e *Three Women*. Na televisão norte-americana, há o caso fascinante da série *An American Family* (1973), uma representação seriada – como em episódios de drama televisivo – da vida de uma família californiana real, em diferentes aspectos e relações. Enquanto a série era feita, simplesmente aconteceu de a esposa da família pedir o divórcio; foi dito que por razões que nada tinham a ver com o programa[12]. Muitas outras famílias californianas envolveram-se profundamente com essa representação incomum ou essa exposição da vida de uma família vizinha. Em geral, a representação foi "dramática"; não havia nenhuma edição óbvia, e algumas "cenas" foram lentas ou desarticuladas. Mas o marido queixou-se de que tudo foi editado com um propósito: o de dramatizar qualquer disputa ou dificuldade. No uso constante do que parecia ser uma câmera neutra, que observava a vida de uma família norte-americana, o programa foi um experimento significativo e intrinsecamente dramático.

É certamente importante ver o que está sendo feito em cada caso, e é provavelmente correto dizer que deve haver sempre franqueza sobre a convenção usada. Mas um pouco do questionamento sobre a "confusão entre realidade e ficção" é ingênua ou hipócrita. Essa tentativa de manter uma linha rígida separando as categorias parece depender de uma ficção sobre a própria realidade. Ela depende ainda da convenção de que a televisão "factual" simplesmente mostra, de forma neutra, o que está acontecendo. O envolvimento real de cada observador nos eventos que presencia é, sem dúvida, questão de grau. Mas é um fato, de um modo tão crucial e geral, que suas possibilidades para um novo tipo de drama criativo televisivo devem ser examinadas diretamente, em vez de descartadas por uma classificação em última instância insustentável.

Um dos pontos fortes da televisão é que ela pode penetrar no campo das ações públicas contemporâneas e imediatas – e, em alguns casos, no das ações privadas – de forma mais plena e poderosa do que qualquer outra tecnologia. O repórter neutro ou pretensamente neutro é, então, às vezes, uma figura necessária, mas seu modo de atenção não é o único. O verdadeiro participante é muitas vezes relevante, às vezes mais relevante que o repórter. O ato de se deslocar da observação de uma ação para a partilha ou a comunicação dessa experiência precisa ser um passo consciente, e é aquele que deve ser dado mais vezes. Uma técnica de edição pode ser usada com qualquer interesse, e assim como deve haver controles sociais quando o que está em questão é uma reportagem objetiva, devem existir oportunidades sociais quando se trata de interpretações criativas. Alguns dos melhores dramas experimentais da televisão migraram para essa área. Cruza-se uma linha quando se acrescentam atores à edição ou constroem-se

---

[12] Algo muito parecido aconteceu na versão britânica de *The Family*, não só com os pais, mas com dois dos filhos, que escapam da vida familiar por meio do divórcio. (N. E. W.)

cenários nas locações, mas há interessantes usos ocasionais de ambos, dentro da mesma forma geral: os atores e as pessoas vivendo a própria vida; lugares e eventos e suas recriações deliberadas. O que estava sendo perseguido por alguns dramas expressionistas (por meio da inserção de cinejornais) e que foi com êxito alcançado em vários romances e filmes contemporâneos pode agora ser praticado na televisão em larga escala e com a característica importante do imediatismo. Esse não é, obviamente, o único tipo de drama televisivo, mas pode vir a ser uma das inovações mais significativas de nossa cultura contemporânea.

II. Educação pela visão

Algumas das melhores televisões educativas, e de fato algumas das melhores televisões em geral, alteraram alguns de nossos conceitos sobre ensino e aprendizagem. Exibem-se, como observamos, uma boa quantidade de ensino e demonstrações. Mas há muitos exemplos que poderiam ser chamados, com mais exatidão, de prática educacional: a "aula" de idioma, que consiste basicamente em meia hora da vida de uma cidade estrangeira, ouvindo pessoas falarem enquanto você as vê fazer coisas e se conhecer umas às outras, em todo um contexto social; a "aula" de história natural ou de geografia, que é de fato uma visita televisual a algum lugar que podemos ver como se estivéssemos lá; a apresentação de outra forma de vida, algum processo de trabalho ou alguma condição social. Esses tipos de prática, que a televisão torna possível pelo alcance e escopo, estão diretamente relacionados a alguns dos métodos mais encorajadores no âmbito do próprio ensino formal: os de tentar experimentar um processo, em vez de ser ensinado "sobre" ele. Esses programas não substituem os outros tipos de educação, mas acrescentam e, em alguns casos, mudam-nos qualitativamente, de um modo claramente inovador.

III. Discussões

A extensão da gama das discussões e dos debates televisivos já foi assinalada. Para a maioria das pessoas, trata-se de um fato cultural significativo. Mas também se inovam em estilos de discussão, que devem ser notados, pois de fato contribuem para as novas formas. Houve um óbvio relaxamento nos modos. Na pior forma, que é mais frequentemente observada, isso culmina no *talk show* ou nos programas de bate-papo, em que o importante não é o que se diz, mas o fato de que alguém o está dizendo. As conversas artificiais para sustentar as noções de "convidados" e "personalidades" estão entre as piores coisas que a televisão faz, e, nessa escala, isso é novo. Mas há momentos, em outros tipos de discussão, em que um novo meio de fato se faz presente: a conversa fundamentada e definida, com uma proximidade de interação facultada ao público. Algumas das melhores discussões desse tipo foram desenvolvidas no rádio, mas a televisão, em certos momentos, adiciona uma dimensão real a elas: a presença física, a atenção, o gesto e a resposta, elementos que, quando não são simplesmente espetaculares ou estratégias de publicidade, mas pertencem à interação fundamentada, definida e desenvolvida, podem tornar-se, na conjunção com as palavras, uma experiência significativamente compartilhada de alguns modos novos.

IV. ESPECIAIS

Alguns dos melhores trabalhos na televisão pertencem a uma modalidade que combina e estende elementos de ensaio, o diário e o documentário. Na Grã-Bretanha, onde na década de 1930 a tradição documental do filme foi especialmente forte, houve certa transferência direta desse legado para a televisão. Mas a gama de utilizações tornou-se muito mais ampla. Há o ensaio televisivo pessoal ou diário, como *One Pair of Eyes*; a reportagem social personalizada, como *The Philpott File*; o argumento de televisão, como *Civilisation*, de Clark, ou *Ways of Seeing*, de Berger; a exposição televisiva, por exemplo *The Restless Earth*; a história na televisão, como *The Great War*; a revista eletrônica, *Horizon* para ciência, *Chronicle* para arqueologia, *Aquarius* e *Omnibus* para as artes; *The Countryman* e *Look, Stranger*; os muitos relatos sobre exploração e história natural. Em conjunto, esses trabalhos – dos quais dei apenas exemplos britânicos, pois forma está bem estabelecida lá – equivalem a bem mais da metade da melhor televisão feita agora. Mais ainda, podem ser considerados alguns dos melhores trabalhos já feitos em qualquer área cultural. Em termos tradicionais, eles se situam entre o jornalismo sério, especialmente os periódicos gerais, e o livro popular e, na prática contemporânea, são pelo menos tão bons quanto qualquer uma dessas formas. Na verdade, em alguns aspectos importantes, em que o elemento visual é central, esse é o melhor trabalho desse tipo realizado hoje, em qualquer parte.

v. Sequências

Certas formas evoluíram dentro das convenções da programação televisiva atual. Na televisão norte-americana, com suas unidades extraordinariamente curtas e como se fossem sequências involuntárias, determinadas principalmente pelos comerciais, têm ocorrido inovações tão interessantes como *Laugh-In*, *Sesame Street* (*Vila Sésamo*) e *The Electric Company*. Os efeitos cômicos de desconexões velozes, usando muitas das técnicas locais de comerciais e *trailers*, fizeram dos primeiros anos de *Laugh In* um exemplo fascinante de uma forma eficaz, criada a partir de uma deformação. Na Grã-Bretanha, de maneira diferente, *Flying Circus* do Monty Python desenvolveu novos tipos de piada visual fora das convenções da televisão padrão, simplesmente alterando o tom e a perspectiva. *Sesame Street* talvez seja um caso diferente. Dizem que o programa usa as técnicas de comerciais para a educação. No entanto, essa descrição é duvidosa. Muitas das possibilidades técnicas para todo tipo de mobilidade foram primeiro exploradas, em nível popular, por comerciais e não possuem necessariamente uma conexão com esse tipo de venda simplificada. Algumas das melhores mobilidades visuais de *Sesame Street* e *The Electric Company* são uma maneira não só de responder a uma sociedade altamente móvel, mas também de responder, com alguma profundidade, a uma curiosidade empática, uma vez que as continuidades centrais, dentro das sequências de movimento rápido, relacionam-se não somente ao ensino planejado, mas também a uma espécie de atitude ansiosa. Isso talvez seja um uso social mais verdadeiro de algumas das propriedades intrínsecas da televisão do que de qualquer uma das formas sociais mais fixas e persistentes.

vi. Televisão

É irônico ter de dizer, finalmente, que uma das formas inovadoras da televisão é a própria televisão. O meio tem sido tão usado para a transmissão e a elaboração de formas herdadas e dominado por pressões do conteúdo evidente que muitas vezes é difícil responder a algumas das experiências visuais intrínsecas, para as quais ainda não há convenções nem modos de descrição disponíveis. No entanto, há momentos, em muitos tipos de programa, em que podemos nos pegar olhando de maneiras que parecem ser completamente novas. Para obter esse tipo de atenção, é muitas vezes necessário desligar o som, normalmente dirigido a nós para preparar o conteúdo transmissível ou outros tipos de resposta.

O que pode acontecer, então, de certa forma surpreendente, é uma experiência de mobilidade visual, de contraste de ângulo, de variação de foco, que muitas vezes é muito bonita. Passei a notar isso enquanto assistia a coisas bem diversas em seu conteúdo mais evidente, como corridas de cavalos, uma entrevista de rua, um episódio ao ar livre, uma peça ou um documentário. Para a maioria dos analistas da televisão, preocupados com o conteúdo declarado ou direcionado, esses elementos, quando e se de fato vistos, não são considerados mais do que um subproduto de outra experiência. No entanto, vejo isso como um dos processos primários da tecnologia em si e que pode vir a ter importância crescente. Quando, no passado, tentei descrever e explicar isso, achei muito significativo que os únicos que concordaram comigo eram pintores.

4.

PROGRAMAÇÃO: DISTRIBUIÇÃO E FLUXO

Analisamos até aqui alguns dos usos dados, na nova tecnologia televisiva, a formas culturais recebidas e também algumas das formas novas e híbridas criadas com a televisão. Devemos agora olhar para a seleção e a associação dessas diferentes formas, em diferentes tipos de programação. Como veremos, o conceito de "programa" precisa ser mais bem analisado. Mas, num primeiro momento, ele é útil para determo-nos em alguns detalhes da distribuição de formas variadas de televisão, em diferentes tipos de serviço. Não podemos falar apropriadamente dos usos da televisão sem termos feito essas comparações e esses contrastes internos. Depois, será necessário passar do conceito estático de "distribuição" para o conceito móvel de "fluxo".

A. ANÁLISE COMPARADA DA DISTRIBUIÇÃO EM CINCO CANAIS DE TELEVISÃO

A distribuição de tipos de programa de televisão foi analisada em cinco canais – três da Grã-Bretanha e dois dos Estados Unidos, durante uma semana, em março de 1973.

Os canais são:

BBC 1, Londres

BBC 2, Londres

IBA, Anglia, Norwich

KQED (televisão pública), São Francisco

Channel 7 (ABC), São Francisco

As categorias usadas são convencionais, a saber:

a)   *Notícias e assuntos públicos*: essa categoria pode ser subdividida em boletins, programas de notícias gerais, programas de notícias para grupos

90   TELEVISÃO

étnicos específicos e debates de assuntos públicos. Em certa medida, essas subcategorias se sobrepõem, pois há frequentemente elementos de programas de notícia nos boletins, e vice-versa, debate dentro dos boletins e programas de notícias, e assim por diante. A importância dos valores, ainda que eles sejam, por vezes, interessantes para as categorias menores, está principalmente na relação com a categoria como um todo.

b)   *Especiais de TV e documentários*: esses foram definidos a partir da divisão estabelecida no Capítulo 3, seção B, IV (ver página 85). É uma categoria que nem sempre pode ser facilmente separada, por exemplo, de programas de notícias e programas de debates de assuntos públicos. O critério normalmente utilizado para classificar um programa como "especial" ou "documentário" é quando parte significativa dele é dedicada à apresentação da substância de um problema, uma experiência ou uma situação. Difere, assim, dos programas de debate em que uma situação ou um problema podem ser ilustrados, normalmente de forma breve; a ênfase principal recai sobre uma discussão relativamente formal sobre o tema.

c)   *Educação*: essa categoria é definida como a de unidades que intencionam tratar da educação formal, diferentemente dos elementos "educacionais" presentes em outros tipos de programa. Ela é subdividida em programas de cursos para escolas, faculdades e universidades; programas instrutivos – normalmente não relacionados a cursos externos – sobre artesanato, *hobbies* etc.; e um tipo mais geral de educação para adultos – ensino específico de habilidades gerais, não relacionado, entretanto, a cursos e qualificações formais. Há, novamente, alguma sobreposição entre essas categorias, e os programas de cursos, por exemplo, são, com frequência, assistidos por um público geral. O montante total para a educação é, no entanto, mais significativo do que as partes subsidiárias.

d)   *Artes e música*: essa é uma categoria difícil de separar, pois depende das definições adquiridas do que são as "artes" – pintura, escultura, arquitetura, literatura – e "música", no sentido de ópera e do repertório estabelecido de concerto clássico. Consideramo-la como uma categoria em separado, porque é normalmente planejada dessa forma e é, então, significativa no que se refere a uma interpretação já consolidada e como proporção.

e)   *Programas infantis*: categoria composta de programas especificamente feitos e exibidos para crianças, em horários especiais. Evidentemente, as crianças assistem a muitos outros tipos de programa, porém essa categoria é importante. Ela subdivide-se em programas compostos principalmente de desenhos animados e shows de bonecos; e em outras formas de programa de entretenimento, normalmente histórias e peças de teatro "ao vivo"; e programas educativos. Essa última subdivisão requer explicação. Programas como *Sesame Street*, *The Electric Company*, *Playschool* frequentemente fazem uso de desenhos e bonecos e muitas vezes são divertidos. Mas estão listados separadamente, porque a intenção formal deles é ajudar no aprendizado, e muitas técnicas específicas de ensino são incluídas, embora quase sempre de modo informal.

f) *Drama*: essa categoria inclui todos os tipos de obra dramática (outras que não aquelas encontradas nas categorias especiais dos educativos, infantis e comerciais). Subdivide-se em "peças", exibidas individualmente, ainda que sob algum título geral, como *Play for Today* ou *Armchair Theater*; seriado, em que cada episódio geralmente se fecha em si mesmo, mas com determinada recorrência de personagens – o protagonista, por exemplo, é construído através de vários episódios; e séries, em que um enredo dramático desenvolve-se em diversos episódios interligados.

g) *Filmes*: essa categoria é composta de filmes originalmente feitos para distribuição nos cinemas. Peças, seriados ou séries, que podem ter sido filmados inteiramente ou em parte em película, foram classificados como drama.

h) *Entretenimento geral*: essa categoria é uma miscelânea e, como tal, é importante. Na Grã-Bretanha, é frequentemente agrupada em um Departamento de Entretenimento Leve. Ela subdivide-se em "shows musicais", em que se apresentam principalmente cantores e grupos, às vezes com números complementares muito diferentes; "shows de variedades", com ênfase na comédia, muitas vezes acompanhada de números musicais; jogos e *quiz shows* – em que, de formas muito diferentes, há algum tipo de jogo ou competição declarada (quase sempre do tipo "jogo de salão", em muitas variações modernas, em geral com participação de membros do público) e outros shows de perguntas e respostas igualmente competitivos; *talk shows* – uma categoria nem sempre fácil de separar dos "debates" e "programas de notícias", mas definida convencionalmente como uma forma distinta e apresentada

TELEVISÃO

como entretenimento, normalmente tarde da noite; tanto no conteúdo quanto na forma, é fortemente ligada ao *show business*.

i)   *Esporte*: eventos esportivos televisionados e debates sobre esportes.

j)   *Religião*: missas e outros eventos religiosos, debates e programas especiais, apresentados em horários específicos.

k)   *Publicidade (interna)*: exibição, no próprio canal, da programação, por meio de *trailers*, anúncios de programas etc.

l)   *Comerciais*: todos os comerciais que não sejam publicidade interna.

Apresentamos a análise na forma de tabela, em horas e frações decimais de hora. Todo o tempo foi cuidadosamente medido, mas convém observar que, na ausência de estatísticas publicadas da programação detalhada e na ausência também de aparelhos adequados para a medição do tempo de muitos canais simultâneos, os dados estão sujeitos a uma margem de erro. Isso especialmente no caso de comerciais e publicidade interna, que quebram a forma da programação publicada. Nesses casos, fizemos uma checagem pontual e, assim, aplicamos uma média dos valores.

Os números como um todo são importantes não tanto pela atribuição exata, mas para o propósito de comparação e discussão geral.

Tabela 1 – Distribuição dos programas por hora

Semana de amostra – 3-9 março de 1973	BBC1	BBC2	Anglia	KQED	Channel 7
A. Notícias e assuntos públicos					
Notícias (boletins)	5,7	3,5	5,0	5,2	11,6
Programas de notícias (geral)	7,1	-	5,1	5,1	5,3
Programas de notícias (étnicos)	3,1	-	-	2,5	0,3
Debates de assuntos públicos	8,3	4,3	3,0	8,5	1,8
	24,2	7,8	13,1	21,3	19,0
B. Especiais de TV e documentários					
Especiais de TV	5,6	6,2	4,5	4,5	0,6
Documentários	1,0	5,9	2,0	1,0	-
	6,6	12,1	6,5	5,5	0,6
C. Educação					
Escolas, faculdades etc.	17,9	16,5	10,7	18,6	-
Instrutivos	2,9	1,7	2,2	3,5	0,9
Educação para adultos	1,9	-	-	2,5	2,0
	22,7	18,2	12,9	24,6	2,9

Semana de amostra – 3-9 março de 1973	BBC1	BBC2	Anglia	KQED	Channel 7
D. Artes e música	1,2	1,7	-	4,5	-
E. Programas infantis					
Desenhos animados, bonecos	4,4	0,1	1,1	-	2,5
Outros programas de entretenimento	1,4	0,7	4,6	-	2,0
Educativos	5,7	3,3	2,6	25,0	0,8
	11,5	4,1	8,3	25,0	5,3
F. Drama					
Peças	4,4	3,1	3,5	-	-
Seriados	6,3	0,9	8,7	1,0	16,3
Séries	0,8	1,5	8,1	3,7	6,1
	11,5	5,5	20,3	4,7	22,4
G. Filmes	6,7	6,6	12,3	5,2	23,8
H. Entretenimento geral					
Shows musicais	2,7	3,0	2,0	-	1,1
Shows de variedades	1,2	0,5	3,7	-	0,4
Jogos, *quiz shows*	1,5	1,0	3,2	-	15,9
Talk shows	2,0	-	0,9	-	15,0
	7,4	4,5	9,8	-	32,4
I. Esporte	5,9	1,1	6,7	2,0	6,4
J. Religião	1,1	-	0,6	-	0,8
K. Publicidade (interna)	1,1	0,7	1,7	1,4	1,4
L. Comerciais	-	-	10,8	-	18,4
Total de horas	99,9	62,3	103,0	94,2	133,4

Comentário sobre a Tabela 1

Das cinco emissoras listadas, três são canais públicos (BBC 1, BBC 2 e KQED) e duas são canais comerciais (Anglia e Channel 7). Podemos observar diferenças um tanto gerais entre as programações de televisão na Grã-Bretanha e nos Estados Unidos, mas o fato mais notável é certa semelhança da distribuição nos canais públicos, de um lado, e nos canais comerciais, de outro. Como o total de horas varia consideravelmente, é útil expressar a distribuição por categorias, como proporção do total do material transmitido. Essa distribuição é mostrada na Tabela 2.

94 TELEVISÃO

TABELA 2 – COMPARAÇÃO DAS PORCENTAGENS NA DISTRIBUIÇÃO POR CATEGORIA
DE PROGRAMAS (COM APROXIMAÇÃO DE MEIO PONTO PERCENTUAL).

Semana de amostra – 3-9 março de 1973	BBC1	BBC2	Anglia	KQED	Channel 7
Notícias e assuntos públicos	24,5	12,0	13,0	22,5	14,0
Especiais de TV e documentários	6,5	20,0	6,3	6,0	0,5
Educação	23,0	29,5	12,5	26,0	2,0
Artes e música	1,0	2,5	-	5,0	-
Programas infantis	11,5	6,5	8,0	27,0	4,0
Drama – peças	4,5	4,5	3,1	-	-
Drama – seriados e séries	7,0	4,0	16,6	5,0	17,0
Filmes	6,5	11,0	12,0	5,5	18,0
Entretenimento geral	7,5	7,5	9,5	-	24,5
Esporte	6,0	1,5	6,2	2,0	4,5
Religião	1,0	-	0,6	-	0,5
Publicidade (interna)	1,0	1,0	1,5	1,0	1,0
Comerciais	-	-	10,7	-	14,0

Comentário sobre a Tabela 2

Podemos observar algumas variações particulares e marcantes nessa tabela –
especialmente em Notícias e assuntos públicos, Educação, Programas infantis,
Drama (seriados e séries) e Entretenimento geral. De fato, é possível distinguir
dois grandes tipos de programação, que provisoriamente podemos chamar de
serviço público (tipo A) e comercial (tipo B). Uma distribuição comparativa
desses tipos é mostrada na Tabela 3.

TABELA 3 – COMPARAÇÃO DAS PORCENTAGENS DE TIPOS DE PROGRAMAÇÃO (COM
APROXIMAÇÃO DE MEIO PONTO PERCENTUAL).

Tipo A: Notícias e assuntos públicos, Especiais de TV e documentários, Educação, Artes e música,
Programas infantis, Peças.

Tipo B: Drama (seriados e séries), Filmes, Entretenimento geral.

Semana de amostra – 3-9 março de 1973	BBC1	BBC2	Anglia	KQED	Channel 7
Tipo A	71	75	42,9	86	20,5
Tipo B	21	22,5	38,1	10,5	59,5

Comentário sobre a Tabela 3

Se as comparações forem feitas somente entre os canais britânicos e os norte-americanos, a distinção entre televisão pública (tipo A) e comercial (tipo B) torna-se especialmente clara. No entanto, quando os cinco canais são comparados, fica nítido que a situação na televisão norte-americana é mais acentuadamente polarizada. O canal comercial norte-americano (Channel 7) é um representante mais completo da distribuição predominantemente comercial do que o equivalente britânico (Anglia), que mostra as mesmas tendências, porém a meio-termo entre o serviço público britânico (BBC 1 e 2) e o tipo comercial norte-americano. De forma correspondente, o canal público norte-americano (KQED) é mais marcadamente um tipo de serviço público e, nesse sentido, menos um serviço geral de radiodifusão do que o equivalente britânico.

Comentários gerais sobre as Tabelas 1, 2 e 3

As tabelas de distribuição por categorias podem nos mostrar alguns aspectos significativos dos usos da televisão em diferentes tipos de instituição de radiodifusão. Além do mais, alguns desses aspectos são importantes indicadores de qualidade. Mas outros não, e devemos tentar esclarecer isso, como forma de ver além de simples equações que envolvem qualidade e tipo.

Logo, uma categoria como a de séries dramáticas pode variar de "séries clássicas" e "obras-primas do teatro" ao que continua sendo a "telenovela" (*soap opera*), muito ligada a sua forma original. Filmes, obviamente, podem variar muito, de produções rotineiras a obras importantes do repertório do cinema. A distribuição, nesses aspectos, quase sempre segue a tendência geral da programação, mas essa regra não vale totalmente para os filmes. Um filme no canal KQED provavelmente pertencerá ao tipo de "repertório", e folhetins no KQED e na BBC 2, ao tipo "clássico", enquanto folhetins no Anglia e no Channel 7 são quase sempre "telenovelas". Mas não há esse tipo de distinção na seleção de filmes, por exemplo, na BBC 1, no Anglia e no Channel 7. O mesmo ponto geral serve para jogos e *quizzes*. Em geral, os da BBC 1 e 2 são anunciados como atrações "culturais", enquanto aqueles do Channel 7 são totalmente comerciais, tanto na concepção como na apresentação, e os do Anglia oscilam entre os dois tipos. Existe uma grande variação de qualidade aqui: *University Challenge* e *Top of the Form* são muito distintos de *The Golden Shot* e *Double Your Money*. Mas a diferença não se mantém necessariamente em jogos como *Call My Bluff*, em que o material de superfície – o significado de palavras raras – é "cultural", mas a apresentação essencial pertence diretamente ao entretenimento comercial.

O que pode ser percebido, de fato, não é somente uma distinção geral entre programas "culturais" e "comerciais" – como indicado grosseiramente pelos tipos A e B de programação –, mas também uma noção cultural "estabelecida", igualmente importante em cada tipo de programação. Então, o tipo A baseia-se não somente em pressupostos sobre educação e processos de aprendizagem – ainda que eles sejam evidentes –, mas também em definições características de público e interesse geral, que, com ferquência, quando analisadas, mostram-se essencialmente abstratas e por vezes meramente passivas. No tipo B, existem certos pressupostos evidentes de entretenimento e divertimento, mas eles envolvem definições de interesse algumas vezes mais centralizadas em pessoas apresentadas individualmente e num tipo de participação (esses elementos tornam-se particularmente evidentes em algumas das séries e dos jogos de relacionamento). Portanto, para que uma pessoa considere, por exemplo, um documentário sobre aviação internacional mais sério do que um folhetim ou um jogo em que se apresentam relações entre maridos e esposas ou pais e filhos, é preciso que ela adote as referências de uma "determinação" cultural específica, sempre relacionada a aspectos da educação e da vida cotidiana, contendo, assim, características muito evidentes de classe. O modo de atenção em cada caso tem seu caráter específico, e se o último tipo de programa é banalizado ou diminuído pela forma de apresentação, também o primeiro tipo pode ser abstraído e, no próprio modo, banalizado em face de um exame convencionalmente considerado mais "sério". Essa é a razão por que, apesar de a distribuição mostrada e a ampla distinção entre tipos serem elementos importantes de análise, esses dados apenas propiciam um tipo de análise do conteúdo real, tanto em geral como em termos da experiência particular da televisão. Então, devemos agora nos voltar para outro tipo de análise.

B. A PROGRAMAÇÃO COMO SEQUÊNCIA OU FLUXO

A análise da distribuição de interesses ou categorias num programa, ainda que importante, é sempre abstrata e estática. Em todos os sistemas de radiodifusão desenvolvidos, a organização característica – e, portanto, a experiência característica –

é a de sequência ou fluxo. Esse fenômeno de um fluxo planejado talvez seja, então, a característica que define a radiodifusão simultaneamente como uma tecnologia e uma forma cultural.

Em todos os sistemas de comunicação anteriores à radiodifusão, os elementos essenciais estavam separados. Um livro ou um panfleto eram lidos como um item específico. Um encontro ocorria em datas e lugares específicos. Uma peça era encenada em um teatro específico, em determinada hora. A diferença na radiodifusão não é somente que esses eventos ou outros semelhantes estão disponíveis no lar, ao simples ligar de um aparelho. Mas, sim, que o programa de fato oferecido é uma sequência ou um conjunto de sequências alternativas desses ou de outros eventos similares, que assim ficam disponíveis numa única dimensão e numa única operação.

Entretanto, estamos tão acostumados com isso que não conseguimos mais perceber essa diferença. A maioria do vocabulário habitual de resposta e descrição foi moldada pela experiência com eventos separados. Desenvolvemos formas de responder a um livro particular ou a uma peça particular, com base em nossas experiências com outros livros e peças. Quando saímos para um encontro, um concerto ou um jogo, levamos outra experiência conosco e retornamos a outra experiência, mas o evento específico é habitualmente uma ocasião, determinando as próprias condições internas e respostas. Nossos modos de compreensão e julgamento mais gerais estão intimamente ligados a essas formas de atenção específicas, isoladas e temporárias.

Alguns tipos anteriores de comunicação possuíam variações internas e, por vezes, misturas. Encenações dramáticas incluíam interlúdios musicais ou a peça principal era precedida de uma *performance*. Na imprensa, existem aquelas formas características como o almanaque ou o livreto, que incluem elementos de tipos muito variados de interesse e que envolvem diferentes formas de respostas. A revista, inventada como uma forma específica no início do século XVIII, foi planejada como uma miscelânea, principalmente para um novo público de classe média em expansão e culturalmente inexperiente. O jornal moderno do século XVIII, e muito mais acentuadamente o do século XIX, tornou-se uma miscelânea, não apenas de novos elementos frequentemente não relacionados, mas de atrações, anedotas, desenhos, fotografias e anúncios. A partir do fim do século XIX, isso passou a refletir no *layout*, culminando no efeito característico de mosaico da página moderna de jornal. Enquanto isso, eventos esportivos, especialmente partidas de futebol, à medida que se tornavam eventos públicos cada vez mais importantes, passaram a incluir entretenimento, tais como música ou marchas, nos intervalos.

Essa tendência geral em direção a um aumento de variações e hibridações nas comunicações públicas faz parte evidentemente de uma experiência social como um todo. Isso tem profundas conexões mais com o crescimento e o desenvolvimento de uma mobilidade física e social maior, nas condições tanto de expansão cultural como de consumo, do que com uma organização cultural comunitária. Mas até o aparecimento da radiodifusão, a expectativa normal era ainda a de um evento isolado ou de uma sucessão de eventos isolados. As pessoas abriam um livro, um panfleto ou um jornal, saíam para uma peça, um concerto, uma reunião ou uma partida esportiva com somente uma expectativa e uma atitude predominantes. As relações sociais que aconteciam nesses diferentes eventos culturais eram específicas e, em alguns casos, temporárias.

A radiodifusão, nos primeiros estágios, herdou essa tradição e trabalhou principalmente com ela. Os radiodifusores descobriram os tipos de coisa que eles podiam realizar ou, como alguns deles diriam, transmitir. O concerto de música podia ser transmitido ou planejado para transmissão. O pronunciamento público – a palestra ou o sermão, o discurso em uma reunião – podia ser transmitido como uma conferência. A partida esportiva podia ser narrada e mostrada. A peça podia ser encenada, nesse novo teatro "no ar". Logo, à medida que o serviço se estendeu, esses elementos, ainda considerados como unidades separadas, foram reunidos em programas. A palavra "programa" é significativa, com suas bases tradicionais no teatro e nas salas de concerto. À medida que o serviço se expandia, esse "programa" tornou-se, com uma organização maior, uma série de unidades de tempo definido. Cada unidade podia ser pensada separadamente, e o trabalho de programação era colocá-las em sequência. Problemas relacionados à mistura e à proporção tornaram-se predominantes na política de radiodifusão. De forma característica, mais evidente no desenvolvimento da radiodifusão sonora britânica, houve uma evolução contínua de um serviço geral, com critérios internos de mistura e proporção, e o que se denominou "equilíbrio", para diferentes tipos de serviço, programas alternativos. Na rádio britânica, "lar", "leve" e "terceiro" foram os nomes que acabaram sendo usados para os programas chamados em particular e de fato entendidos como "gerais", "populares" e para público "instruído". Problemas relacionados à mistura e à proporção, antes considerados em relação a um serviço isolado, foram, então, basicamente transferidos a um gradiente de programas alternativos, correspondentes a supostos níveis sociais e educacionais. Essa tendência foi levada adiante em formas posteriores de reorganização, como na atual rádio britânica de serviço público, da BBC 1 à BBC 4. Numa grade de programação de rádio norte-americana, que está diante de mim enquanto escrevo, há outra especialização: os programas predominantemente musicais são brevemente caracterizados, pelo comprimento de ondas, como "rock", "country", "clássico", "nostálgico", e assim por diante[1]. Em certo sentido, isso pode ser traçado como o desenvolvimento de uma programação: extensões do serviço acarretaram outros graus de racionalização e especialização.

No entanto, o desenvolvimento também pode ser visto – e, a meu ver, precisa ser visto – de outras formas. Houve um deslocamento importante da noção de sequência como programação para a noção de sequência como fluxo. Isso, porém, é ainda difícil de perceber, porque o conceito mais antigo de programação – a sequência temporal em que mistura, proporção e balanço operam – é ainda ativo e, de certa forma, real.

O que foi decisivamente alterado, então? Um programa de radiodifusão, em rádio ou televisão, é ainda formalmente uma série de unidades de tempo definido. O que é publicado como informação sobre os serviços de radiodifusão ainda segue esse modelo: podemos olhar o horário de um show ou programa específico; podemos ligar o aparelho para aquela unidade; podemos selecionar e responder a ela individualmente.

Apesar de toda a familiaridade que temos com esse modelo, a experiência normal de radiodifusão, quando realmente a consideramos, é diferente. E, de fato, isso é reconhecido no modo como falamos em "assistir à televisão", "ouvir rádio", escolhendo referir-se ao geral, não à experiência específica. Isso tem sido verdadeiro para todo o processo de radiodifusão, mas alguns desenvolvimentos internos importantes reforçaram muito essa experiência. Esses desenvolvimentos podem ser descritos de uma forma simples. Nas primeiras fases do serviço de radiodifusão, tanto no rádio como na televisão, havia intervalos entre

---

[1] Na Grã-Bretanha dos anos 1990, essa diversidade só pode ser encontrada em emissoras de rádio piratas (ilegais). Uma lista do *Independent* elenca 59 dessas estações, principalmente étnicas, musicais ou ambas. (N. E. W.)

unidades de programa: intervalos reais, normalmente marcados por um som convencional ou uma imagem para mostrar que o serviço geral ainda estava ativo. Havia sons de sinos ou imagens de ondas se quebrando, que marcavam os intervalos entre as unidades separadas de programa. Ainda resta um exemplo disso no globo giratório que funciona como sinal de intervalo na rede BBC.

Na maioria dos serviços televisivos, no modo como são atualmente operados, o conceito de intervalo – embora permaneça para alguns propósitos – foi fundamentalmente reavaliado. Essa mudança se deu de dois modos, ainda representados de forma desigual em serviços diferentes. A inovação decisiva aconteceu nos serviços financiados por anúncios comerciais. Os intervalos entre as unidades de programa eram lugares óbvios para a inclusão de publicidade. Na televisão comercial britânica, houve um esforço específico e formal para que os programas não fossem interrompidos por comerciais, que poderiam ser exibidos somente nos "intervalos naturais": entre os movimentos de uma sinfonia ou entre os atos de *Hamlet*, como o porta-voz do governo disse na Câmara dos Lordes! Na prática, isso nunca foi cumprido e nunca se pretendeu que fosse. O "momento natural" tornou-se qualquer momento em que a inserção comercial fosse conveniente. Noticiários, peças e mesmo filmes que haviam sido exibidos no cinema como *performances* específicas e completas começaram a ser interrompidos por comerciais. Na televisão norte-americana, esse desenvolvimento foi diferente; os programas patrocinados incorporaram o comercial desde o início, na concepção, como parte de todo o pacote. Mas agora é óbvio que, tanto na televisão comercial britânica como na norte-americana, a noção de interrupção, ainda que tenha força residual advinda de um modelo mais antigo, tornou-se inadequada. O que está sendo exibido não é, nos antigos termos, uma programação de unidades separadas com inserções específicas, mas um fluxo planejado, em que a verdadeira série não é a sequência publicada de programas, mas essa sequência transformada pela inclusão de outro tipo de sequência, de modo que essas sequências juntas compõem o fluxo real, a real "radiodifusão". De forma crescente, tanto na televisão comercial como na pública, adicionou-se outra sequência: *trailers* de programas que serão exibidos em um horário mais tarde ou em outro dia ou breves noticiários. Isso se intensificou em condições de concorrência, quando se tornou importante para os administradores das televisões reter os espectadores – ou, como eles dizem, "capturá-los" – para uma sequência completa na programação noturna. Com a incorporação final dessas duas ou três sequências, surge um novo tipo de fenômeno comunicativo que deve ser reconhecido.

Evidentemente, muitas pessoas que assistem à televisão ainda consideram alguns desses elementos como "interrupções". Lembro-me de que percebi o problema pela primeira vez enquanto assistia a filmes na televisão comercial britânica. Mesmo em uma instituição essencialmente comercial em sua produção e sua distribuição, como o cinema, foi possível, e de fato ainda permanece natural, assistir a um filme sem interrupção. Todos os filmes foram originalmente feitos e produzidos para esse tipo de exibição, ainda que a inclusão de filmes B e curtas-metragens no pacote, com intervalos apropriados para anúncio e para venda programada de lanches, tenha começado a levar o cinema para um novo tipo de fluxo planejado. Assistir a esses mesmos filmes na televisão tornou a nova situação bastante evidente. Normalmente, exibem-se 20 ou 25 minutos do filme para que fiquemos interessados nele; então, 4 minutos de comerciais; depois, mais 15 minutos de filme, aproximadamente; alguns comerciais de novo; e assim por diante, numa redução contínua no tempo dos blocos de filme, com comerciais entre eles, ou os blocos de filme entre comerciais, a partir do momento em que se presume que já estamos interessados e assistiremos ao filme até o final. Ainda assim, essa experiência não me preparou para a sequência característica da televisão norte-americana. Uma noite em Miami, ainda atordoado por ter passado uma semana num transatlântico, resolvi assistir a um filme e, no começo, tive alguma dificuldade em me ajustar a uma frequência muito maior de intervalos comerciais. Mas isso foi um problema menor em comparação ao que aconteceu no fim. Dois outros filmes, programados para exibição em outras noites no mesmo canal, foram inseridos como *trailers*. Um crime em São Francisco (o assunto do filme original) começou a operar num extraordinário contraponto não somente com os comerciais de desodorante e de cereais, mas também com um romance em Paris e a fúria de um monstro pré-histórico que devastava Nova York. Além do mais, essa era uma sequência em um novo sentido. Mesmo na televisão britânica, comercial, há um sinal visual – o sinal residual de um intervalo – antes e depois das sequências comerciais, e *trailers* de programas apenas são exibidos entre programas. No canal norte-americano, assistia a algo bem diferente, já que as passagens do filme para o comercial e do filme A para os filmes B e C não eram assinaladas. De qualquer forma, há bastante semelhança entre certos tipos de filme e entre muitos tipos de filme e situações de comerciais que deliberadamente os imitam, o que faz com que uma sequência assim seja uma experiência muito difícil de interpretar. Ainda não estou certo do que realmente captei de todo aquele fluxo. Acredito que registrei alguns eventos como acontecimentos de um filme errado, e alguns personagens em comerciais como se estivessem envolvidos nos episódios do filme, naquilo que pareceu ser – para todas as disparidades ocasionais e bizarras – um único e irresponsável fluxo de imagens e sentimentos.

É claro que os filmes não foram feitos para ser interrompidos dessa forma. Mas esse fluxo é planejado: isto é, não somente em si mesmo, mas num primeiro estágio de toda produção televisiva original para sistemas comerciais. De fato, a maioria dos programas de televisão comercial é feita, desde o planejamento, com essa sequência real em mente. Em obras razoavelmente curtas, há uma divisão pensada em "atos". Nos especiais, há, de forma parecida, uma divisão pensada em "partes". Mas os efeitos são mais profundos. Há um tipo característico de sequência de abertura que é feita para despertar o interesse e que é, de fato, uma espécie de *trailer* para si mesma. Na televisão norte-americana, após dois ou três minutos, essa abertura é seguida por comerciais. A técnica tem um precedente nas pantomimas que antecediam peças ou cenas no início do teatro elisabetano. Mas o que se seguia à pantomima era a peça ou a cena. Aqui, o que se segue é aparentemente um material um tanto desconexo. Logo, não é nenhuma surpresa que muitos desses momentos de abertura sejam violentos ou bizarros: deve-se despertar intensamente o interesse para iniciar a expectativa (interrompida, mas sustentada) da sequência. Assim, a qualidade da sequência externa torna-se o modo de definição de um método interno.

Seja qual for o estágio de desenvolvimento a que esse processo tenha chegado – ainda bastante variável entre diferentes sistemas de radiodifusão –, ele ainda pode ser visto residualmente como a "interrupção" de um "programa". De fato, é sempre importante vê-lo dessa forma, tanto para nosso próprio senso real de lugar e de acontecimento como por uma questão de preocupação razoável com políticas de radiodifusão. Mas pode ser ainda mais importante ver o processo real como um fluxo: a substituição de uma série de programas em sequência e com tempo delimitado por um fluxo de uma série de unidades relacionadas de diversas maneiras, em que a marcação do tempo, ainda que real, não é declarada, e em que a real organização interna é diferente da organização divulgada.

PROGRAMAÇÃO: DISTRIBUIÇÃO E FLUXO   103

Nessas "interrupções" residem, de certo modo, as características mais visíveis de um processo que, em determinados níveis, passou a definir a experiência televisiva. Mesmo quando, como na BBC, não há interrupções de unidades de programas particulares, existe uma qualidade de fluxo que nosso vocabulário, recebido de respostas e descrições isoladas, não reconhece facilmente. É evidente que o que agora é chamado de uma "noite de televisão" é, em alguns sentidos, planejado pelos produtores e também pelos espectadores como um *todo*, que, em qualquer situação, está planejado em sequências discerníveis que, nesse sentido, sobrepõem-se às unidades de programas particulares. Sempre que há uma competição entre canais de televisão, isso se torna uma preocupação consciente: conseguir espectadores no início de um fluxo. Na Grã-Bretanha, há intensa concorrência entre BBC e IBA nos programas do início da noite, na crença de que – como algumas estatísticas demonstram – os espectadores ficarão com o canal a que começarem a assistir. Claro que há muitos casos em que isso não acontece: as pessoas podem conscientemente selecionar outro canal ou programa ou desligar a televisão. Mas o efeito do fluxo disseminou-se suficientemente para ser um dos elementos principais na política de programação. E essa é a razão imediata para o aumento da frequência de *trailers* de programas: sustentar o fluxo da noite. Em condições de concorrência mais intensa, como a entre os canais norte-americanos, os *trailers* são ainda mais frequentes. Trata-se do processo conhecido como "seguir juntos" para sustentar aquilo que é pensado como uma espécie de lealdade ao canal a que se está assistindo. Uma parte do fluxo oferecido está, portanto, diretamente ligada às condições de concorrência controlada, como alguns dos elementos específicos estão ligados ao financiamento televisivo pelo anúncio comercial.

Contudo, essa não é evidentemente toda a explicação. O fluxo oferecido pode ainda, e talvez mais fundamentalmente, estar relacionado à própria experiência televisiva. Duas observações comuns sustentam isso: como notamos anteriormente, ao descrever a experiência, a maioria de nós diz que está "assistindo à televisão", não assistindo a um "telejornal", uma "peça" ou uma "partida de futebol" na televisão. Algumas vezes, certamente usamos as duas formas, mas o fato de usarmos a primeira já é significativo. Também já admitimos abertamente e com determinado pesar que achamos bastante difícil desligar a televisão; várias vezes, mesmo quando ligamos a televisão para assistir a determinado programa, pegamo-nos assistindo à atração que vem depois e a seguinte. De toda forma, isso é estimulado pelo modo como o fluxo é organizado hoje, sem intervalos. Podemos já estar envolvidos com outro programa antes que tenhamos reunido forças para nos levantarmos da poltrona, e muitos programas são feitos com essa situação em mente: prender a atenção nos momentos iniciais e prometer reiteradamente que coisas excitantes estão por vir, se permanecermos assistindo.

Mas o impulso de continuar assistindo parece mais disseminado do que esse tipo de organização isoladamente pode explicar. É significativo que haja pressão contínua, não somente por parte dos produtores de televisão, mas também por parte dos espectadores, por um aumento das horas de programação. Na Grã-Bretanha, até pouco tempo atrás, a televisão era basicamente uma experiência noturna, com algumas poucas emissões no meio do dia, e com as horas da manhã e da tarde, com exceção dos fins de semana, dedicadas a transmissões relacionadas à escola e a outros educativos. Mas agora presenciamos um rápido desenvolvimento de programas de tipo geral nas partes da manhã e da tarde[2]. Nos Estados Unidos, já é possível começar a assistir à televisão às seis da manhã, ver o primeiro filme às oito e meia e seguir num fluxo contínuo, sem que a tela jamais fique sem programação, até que o último filme comece à uma hora da manhã do dia seguinte. É pouco provável que muitas pessoas assistam a um fluxo dessa duração, com mais de vinte horas em um dia. Mas o fluxo é sempre acessível, em várias sequências alternativas, quando ligamos a televisão. Logo, tanto internamente, em sua organização imediata, como em uma experiência geral disponível, essa característica de fluxo parece central.

No entanto, os modos de descrição e de observação que já possuímos não nos preparam para lidar com essa característica. A crítica de televisão é, evidentemente, de qualidade irregular, mas mesmo nas melhores críticas existe uma persistência convencional dos modelos antigos. Os críticos escolhem esta peça ou aquela atração, o programa de debates ou aquele documentário. Escrevi crítica televisiva uma vez por mês durante quatro anos e sei o quanto é mais prático e fácil fazer assim. Para a maioria dos programas, há alguns procedimentos herdados. O método e o vocabulário para um tipo específico de descrição e resposta já existem ou podem ser adaptados. Entretanto, ainda que esse tipo de crítica

---

[2] Essa tendência, prevista por Williams, desenvolveu-se rapidamente no Reino Unido, onde programas transmitidos durante o café da manhã já estão bem estabelecidos. A programação 24 horas iniciou-se em 1987. (N. E. W.)

possa ser útil, está sempre a alguma distância do que parece ser, para mim, a experiência central da televisão: o fenômeno do fluxo. Não é somente porque muitas unidades particulares – dada a nossa organização comum de resposta, memória e persistência de atitude e humor – são afetadas por aquelas que as precedem ou as seguem, a não ser que sejamos espectadores num modo de tempo definido artificialmente, o que me parece bem raro (embora exista em condições especiais de assistir à televisão adotadas por críticos regulares). É também que, embora coisas úteis possam ser ditas sobre todas as unidades separadas (ainda que sempre com a exclusão consciente dos comerciais que interrompem pelo menos metade delas), dificilmente algo é dito sobre a experiência característica da própria sequência de fluxo. É de fato muito difícil dizer algo sobre ela. Seria como tentar descrever a leitura que você fez de duas peças, três jornais, três ou quatro revistas em um mesmo dia em que foi a um show de variedades, a uma conferência e a um jogo de futebol. Ainda assim, não é a mesma coisa, pois, embora as unidades possam ser variadas, a experiência televisiva as unificou de uma forma importante. Quebrar essa experiência e retornar às unidades, e escrever sobre essas unidades para as quais já existem procedimentos prontos, é compreensível, mas sempre enganador, mesmo quando defendemos essa atitude pelo argumento de que somos espectadores experientes e seletivos e que não sentamos lá simplesmente hora após hora em frente à TV.

O fato é que muitos estão sentados lá, e grande parte da significação crítica da televisão deve estar relacionada a isso. Sei que, sempre que tentei, na crítica, descrever essa experiência em uma noite particular ou de forma mais geral, o que pude dizer foi incompleto e precário, mas aprendi, pelo retorno que recebi, que estava me engajando em uma experiência de que muitos espectadores tinham a consciência e também tentavam compreender. Pode haver tipos clássicos de respostas, em muitos níveis diferentes, para algumas unidades em separado, mas não para todas. Mas estamos apenas começando a reconhecer, ainda nem perto de resolver, os problemas de descrição e resposta aos fatos do fluxo.

C. ANÁLISE DO FLUXO

Podemos examinar alguns exemplos de fluxos televisivos em três diferentes ordens de detalhe. Primeiro, há o fluxo (que nesse estágio é ainda, de um ponto de vista, somente sequência) em programas de uma noite em particular. Para isso, podemos usar a notação geral que se tornou convencional como "programação" ou "grade". Segundo, há o fluxo mais evidente de verdadeira sucessão de elementos dentro e entre a sequência publicada de unidades. Nesse caso, a notação já é mais difícil, pois temos que nos mover para além dos títulos abstratos e das categorias da grade e, mesmo assim, ainda não alcançamos o estágio de uma sequência detalhada de palavras e imagens. O fluxo dessa segunda qualidade é, contudo, central em nossa experiência de televisão, pois ele revela, por meio de uma significativa variedade, o processo de unificação relativa em um fluxo de elementos que, de outra forma, estariam separados ou, no máximo, fragilmente relacionados. Terceiro, há o fluxo realmente detalhado nesse movimento geral: a real sucessão de palavras e imagens. Nesse caso, há uma notação disponível, mas ainda sujeita à limitação, que enumera como itens isolados (mesmo que estejam relacionados) não somente a combinação planejada e a fusão de palavras e imagens, mas o processo de movimento e interação através da sequência e do fluxo. Em texto, algumas dessas limitações são absolutas. Mas apresento meus exemplos, com alguns comentários, como experimentos para alguns novos métodos de análise.

I. Análise panorâmica de sequência e fluxo*

a) BBC 1, 14 de junho de 1973

17h15   Programa infantil: *Robson Crusoé*
17h40   Show infantil de bonecos: *Hector's House*
17h45   Notícias nacionais
18h00   Programa de notícias: *Nationwide*
18h45   Série *western* norte-americana: *The Virginian*
20h00   Filme: *Chaplin Super-Clown*
20h30   Documentário: *An Australian Mining Millionaire* [Um minerador australiano milionário]
21h00   Notícias nacionais
21h25   Seriado: *Warship* (Oficial da KGB deserta em contexto naval mediterrâneo)

---

* Optamos por manter os nomes originais dos programas em inglês. Entre colchetes, traduzimos títulos que se referem a conteúdo jornalístico ou documental, assim como os nomes que já possuem versão corrente em português. (N. T.)

22h15 *Night Music*
22h45 Debate de questões públicas: *Midweek*
23h30 Notícias do fim de noite
23h35 Programa educativo: *Mammals* [Mamíferos]

b) BBC 2, 15 de junho de 1973

19h05 Seriado: *Mistress of Hardwick* (cenas da vida elizabetana)
19h30 Notícias
19h35 *Gardeners' World*
20h00 *Money at work* (a corrida do ouro)
21h00 Filme: *Little World of Don Camillo*
22h40 *Film Night*: comentários sobre filmes de James Bond
23h10 Notícias

c) BBC 2, 9 de junho de 1973

19h35 Notícias
19h50 Especial: *Saboteurs of Telemark* [Os sabotadores de Telemark] (tempos de guerra)
20h40 Série: *Song of Songs* (Sudermann; Viena, início do século XX)
21h30 Especial: *The Ascent of Man* [A ascensão do homem] (história da ciência)
22h20 Comédia: *Ooh la la!* (França, fim do século XIX)
23h25 Filme: *The Razor's Edge*

d) Anglia, 15 de junho de 1973

17h50 Notícias
18h00 Programa de notícias
18h35 Série: *Crossroads*
19h00 *Quiz-show*: *The Sky's The Limit* [O céu é o limite]
19h30 Seriado norte-americano: *Hawaii Five-O* [Havaí 5.0]
20h30 Seriado: *Romany Jones* (comédia da vida doméstica)
21h00 Seriado: *Between the Wars* (drama)
22h00 Notícias
22h30 Programa de variedades: *County Show* (pôneis e tratores antigos)
23h00 Seriado: *Theatre of Stars*: *The Enemy on the Beach* (tempo de guerra)

108 TELEVISÃO

00h00 Esporte: Tênis
00h30 Preces para o Dia Mundial da Criança

e) Channel 7, 12 de março de 1973

17h30 *News Scene* (telejornal)
18h00 Notícias nacionais
18h30 Filme: *Annie Get your Gun*
20h00 Seriado: *The Rookies* (policial)
21h00 Filme: *Doc Eliot*
23h00 Notícias
23h30 *Talk-show*

f) KQED, 5 de março de 1973

17h30 Programa infantil: *The Electric Company*
18h00 Programa infantil: *Zoom*
18h30 Programa de variedades: *Mission and 24th Street*
19h00 *Newsroom* (programa jornalístico)
20h00 Filme feito para TV: *Winesburg Ohio*
21h30 Filme: *The Silence* [*O silêncio*], de Ingmar Bergman
23h20 Publicidade da emissora
23h30 *Newsroom* (reprise)

Comentários

Essas amostras de "uma noite assistindo à televisão", nos quatro canais estudados, correspondem, em geral, às impressões obtidas pela análise de distribuição. Os tipos de programação já descritos podem ser vistos, agora, em sua sequência detalhada (dois exemplos foram dados da BBC, porque o canal é, em geral, mais variado do que os outros).

O conteúdo específico merece, em alguns casos, uma observação especial. Há uma frequência significativa de material militar (na maioria, retrospectivo) e de drama de costumes na programação dos canais BBC e Anglia. Anglia e (em menor escala) BBC 1 trazem uma importante quantidade de material norte--americano. A mescla da BBC 2 é mais cultural (e internacional) na variedade, assim como a do canal KQED, mas a BBC 2 é também mais diretamente afinada com interesses específicos de uma classe média inglesa. O Channel 7, como já notamos, veicula um conjunto de programas de variedade limitada e, em grande parte, pré-gravados.

Os problemas de sequência e fluxo já são visíveis aqui. As sequências (b), (c) e (f) parecem ter sido planejadas por meio de uma seleção mais consciente de elementos particulares que (a), (e) e especialmente (d). Em (d), há uma sequência evidente – de fato, um fluxo – das 18h35 às 22h (uma série de programas relativamente breves de eventos e dramatizações essencialmente deslocados), e o mesmo pode ser dito dos horários das 18h45 às 20h30 ou das 20h30 às 22h15 em (a). Vale a pena questionar, por exemplo, que efeito o documentário das 20h30, em (a), e o seriado das 21h25 têm no noticiário que vem entre eles: parece haver a indicação de certo tipo de definição de interesse. Efeito esse que seria diferente em (d), em que as notícias são precedidas pela retrospectiva de um drama e sucedidas pelo *County Show*.

Os problemas de definição de modo e de atenção ocorrem em muitas sequências. Os contrastes mais veementes ocorrem em (b), (c) e (f), enquanto há uma homogeneização relativa – que é a característica mais evidente de fluxo – em (d) e (e) e, em certa medida, em (a).

Podemos examinar agora alguns problemas específicos de sequência e definição e, a partir deles, os problemas de atenção e de modo, no que são, em diversos sentidos, os elementos de ligação da programação televisiva: os boletins informativos e os programas de notícias.

II. Análise de médio alcance de fluxo e "sequência"

a) Channel 7, São Francisco, 12 de março de 1973, a partir das 17h42

(*News Scene*; três apresentadores na bancada; câmera alterna entre um plano geral dos três e um plano médio daquele que está falando; um quadro acima, à esquerda, exibe fotografias e outros tipos de imagem fixa)

I. (Apresentador 1)
    Um comitê do governo informou que muitos dos benefícios anunciados em comerciais de remédio são falsos: uma marca de aspirina não é "muito melhor que outra"; uma marca não "faz efeito mais rápido do que outra". No quadro, imagem fixa de prateleiras de caixas de remédio.

O comitê recomenda que, no futuro, 25% do tempo de comerciais de remédio seja usado para corrigir essas declarações enganosas.

II. (Apresentador 1)

Um senador sugeriu que farmacêuticos devam exibir preços comparativos de remédios.

Entrevista (filmada) com um farmacêutico: ele discorda, as pessoas devem ir a uma farmácia em que confiem.

III. (Apresentador 1)

(Quadro exibe desenho com caixas de comida e sacolas de compra.) Com os preços em alta, os consumidores precisam de toda a ajuda possível. Uma dona de casa, enfurecida com a carestia, enviou ao presidente quatrocentos sanduíches de manteiga de amendoim, em protesto contra o aumento do preço da carne.

IV. (Apresentador 2)

(No quadro, imagem fixa de prédio do governo federal em São Francisco.) Protestos na cidade contra o confisco presidencial dos fundos para projetos votados pelo Congresso.

(Filmagem do prefeito e de congressistas locais.) O prefeito e congressistas locais dizem que o confisco é inconstitucional. O país deveria fazer uma paralisação até essa prática inconstitucional terminar.

V. (Apresentador 2)

O padre católico mais velho dos Estados Unidos morreu em São Francisco. Ele tinha 102 anos. Ele atribuía sua longevidade às caminhadas enérgicas que fazia durante a manhã.

VI. (Apresentador 2)

Um prefeito no condado de Alameda apoia proposta para impedir a construção de novos apartamentos na cidade. A esposa e cinco filhas fazem oposição.

(Repórter) (Filmagem de uma rua na cidade; carros e casas.) A proposta será votada amanhã. A questão é legal e ambiental. Mais desenvolvimento, afirmam, vai reduzir os espaços abertos e levar a maior poluição causada por veículos.

VII.	(Mulher) (Filmagem de uma mão apertando uma lata de spray; mesa empoeirada.) Lustrador de móveis Liquid Gold; traz novo brilho aos seus móveis; é como reencontrar um velho amigo.
VIII.	(Homem) (clipe de filme): O filme das 18h30 é *Annie Get Your Gun*. Betty Hutton como a garota de pontaria mais certeira que o Velho Oeste já viu.
IX.	(Previsão do tempo; plano médio, com gráficos.) Uma área de alta pressão, trazendo ar frio.
X.	(Apresentador 2) Em Utah, pela segunda vez no mês, um celeiro inteiro foi roubado.
XI.	(Apresentador 1) Duas greves na região de São Francisco, hoje; (quadro com imagem fixa da ponte Golden Gate) uma em refinaria de petróleo, outra em um hospital.
XII.	(Apresentador 2) Em instantes: notícias sobre um homem libertado na China e sobre a situação em Wounded Knee.
XIII.	(Homem) (Filmagem de gatos comendo.) Little Friskies, refeição para gatos rica em proteínas.
XIV.	(Homem) (Filmagem de uma mulher em casa.) Anacin alivia dores de cabeça.
XV.	(Maquete de uma casa, com moedas de ouro dentro) (Homem e mulher) Empréstimos disponíveis para compra da casa própria em Bay Area.
XVI.	(Mulher) Um dia de liquidação na Macy's.
XVII.	(Apresentador 2) Um ex-agente da CIA foi libertado hoje na China. (Filmagem de um homem cruzando a fronteira.)
XVIII.	(Apresentador 2)

112 TELEVISÃO

A situação entre índios e o Departamento de Justiça em Wounded Knee continua tensa.

(Imagem fixa de índios com cocar.)

XIX. (Apresentador 2)

(Imagem fixa de palácio francês.)

Pompidou continua como presidente da França.

(Imagem fixa de uma mão e uma urna.)

XX. (Apresentador 2)

O vice-presidente Agnew afirma que não existe crise constitucional.

(Filmagem de Agnew falando em uma reunião.)

XXI. (Apresentador 3)

Identificada vítima de assassinato em São Francisco.

(Filmagem da polícia no local em que o corpo foi encontrado.)

XXII. (Apresentador 1)

Muitos relatos de cães selvagens na área.

(Repórter)

Fazendeiros relataram ataques de cães aos animais.

(Filmagem de cães e filmagem de ovelhas.)

XXIII. (Apresentador 2)

A seguir, as notícias do esporte.

XXIV. (Homem)

Se você não soubesse que esse café é congelado, você diria que ele é fresco.

(Filmagem de uma lata se abrindo; café enchendo xícara.)

XXV. (Homem)

Deixe a United Airlines mostrar este grande país em que você vive.

Música: "Come to your Land" [Venha para seu país]

(Filmagems de:

    Ponte Golden Gate: menina cantando.

    Rua de uma cidade: menina e homem.

    Cerca no campo: duas meninas e um homem.

    Beira-mar: grupo cantando.

    Grupo viajando: a canção termina.)

PROGRAMAÇÃO: DISTRIBUIÇÃO E FLUXO   113

XXVI.   (Filmagem de episódio encenado.)
(Ladrão)
Antes conseguia roubar um carro como este. Agora o carro tem alarme.
Ele abre a porta. O alarme toca. O policial aparece. O ladrão mostra a chave.

XXVII.   (Apresentador 3)
Notícias do esporte: a série de vitórias de um time de basquete.

XXVIII.   (Homem)
(Clipe de filme): No filme das 18h30, *Annie Get your Gun*. Betty Hutton como a garota de pontaria mais certeira que o Velho Oeste já viu.

XXIX.   (Notícias da rede: um homem na bancada, plano médio oblíquo.)
Um ex-agente da CIA foi libertado na China.
(Filmagem de um grupo de homens na fronteira; ex-prisioneiro chega ao aeroporto; entrevista – ele está feliz por retornar à casa.)
(Imagem fixa da mãe inválida.)

XXX.   (Apresentador)
No Vietnã, muitos homens incapacitados para sempre foram libertados das "jaulas de tigres".
(Filmagem de um homem incapacitado em um hospital; muitos outros abatidos e aleijados; um deles rasteja pelo chão.)

XXXI.   *Newsroom*
(Título: *ABC Evening News*)

XXXII.   Família acampando em um bosque; crianças correndo sob as árvores: a esposa trouxe margarina no lugar de manteiga; é fresca e saudável.

XXXIII.   Homem, em agência bancária, está visivelmente com dor. Recebe uma pílula em cada mão; vai embora caminhando.

XXXIV.   (Mapa de Wounded Knee)
(Apresentador)
A situação permanece tensa.
(Filmagem de carro sendo revistado; *close-up* de porta-voz do Departamento de Justiça; *close-up* do líder dos índios; índio apontando para uma barricada.)

XXXV.   (Apresentador)
        (Imagem fixa de rua nas Bermudas; bandeiras.)
        A Scotland Yard é chamada para investigar os assassinatos nas Bermudas.

XXXVI. (Apresentador)
        Um partidário de Perón foi eleito presidente da Argentina.
        (Imagem fixa de Perón e Cremona.)

XXXVII. *Newsroom*
        (Título: *ABC Evenings News*)

XXXVIII. (Filmagem) Grande quantidade de cenários de televisão; um deles é extraído; imagens nele são mostradas, um homem falando; a câmera recua para mostrar mais de vinte cenários, cada um com o mesmo homem falando.

XXXIX. (Desenho animado): um peixe salta sobre o mundo, atum enlatado; mulher comendo algo em um prato; peixe salta novamente.

XL.   (Apresentador)
        Um comitê do governo informou que muitos dos benefícios anunciados em comerciais de remédio são falsos.

Comentário

O que me parece interessante nessa sequência característica de notícias de uma noite é que, embora haja a inclusão de uma quantidade de assuntos importantes, as conexões entre eles passam como se não tivessem sido feitas deliberadamente. Consideremos como exemplo:

i)   a falta de relação direta entre I, XIV e XXXIII e XL, que em qualquer perspectiva normal estão diretamente conectados;

ii)   a falta de conexão declarada entre VIII, XII, XVIII, XXVIII e XXXIV, ainda que um tipo de conexão tenha sido feito por meio da exibição das manifestações dos índios em Wounded Knee;

iii) a falta de conexão entre os itens IV e XX, de controvérsia política, diretamente relacionados;

iv)   a falta de conexão declarada nos vários itens sobre prisioneiros, XII, XVII, XXIX, XXX;

v)   a aparente inconsciência do contraste entre XXX e XXXII.

De forma mais geral, o efeito de uma sequência indiscriminada pode ser visto em IV-VI, IV-XI, como também nos períodos de "interrupção" por comerciais, por exemplo XI-XVII ou XXII-XXVII.

Ainda assim, se todo o fluxo for examinado, poderemos observar que uma gama de notícias e imagens – relatadas, propagadas, algumas dramatizadas – foi de fato fundida no que pode ser propriamente visto como uma sequência. Itens como XXV e XXXVIII não são secundários; estão entre as imagens gerais controladoras do fluxo como um todo – a perspectiva da sociedade, a prática do meio. A sequência de itens aparentemente desarticulados é na verdade guiada por um conjunto consistente e marcante de relações culturais: um fluxo de informes e produtos consumíveis, em que os elementos de velocidade, variedade e mescla podem ser vistos como organizadores: os reais portadores de valor. Nessa organização, I, XIV, XXXIII e XL não são contraditórios, mas alternativas sem par; como também VIII, XII, XVIII, XXVIII e XXXIV, em que a mediação, entretanto, é mais difusa. A exclusão organizada de certos tipos de conexão e contraste, como em XXX e XXXII, é parte do efeito do fluxo, com sua própria sinalização interna mais persuasiva e modos de direção de atenção.

b) BBC 1, 13 DE JUNHO DE 1973, A PARTIR DE 17H42

(*Hector's House* – show infantil de bonecos)

I.   (Boneco de um cão)
       "Eu sou um cavalheiro"

II.   (Apresentador local 1)
       Em *Look East*, depois das notícias nacionais, será apresentada uma reportagem sobre um novo material de segurança para pistas de aeroportos. Também uma reportagem sobre um homem que quebrou o recorde mundial em velocidade de beber cerveja.

III.   Relógio.

IV.   Apresentador nacional
       (Foto de Lord Lambtom.)
       Lord Lambton foi multado em trezentas libras em processo por crime relacionado a drogas.
       (Repórter, com foto de Lambton ao fundo)
       Relato do caso.

Filmagem de um carro chegando ao tribunal, homens entrando no edifício por uma porta especial nos fundos.

V. (Apresentador nacional)

Continua a operação padrão, que já dura dez semanas, em uma fábrica em Peterborough.

(Visão aérea da fábrica.)

(Repórter)

Resultado da votação na assembleia dos trabalhadores.

(Filmagem de uma multidão levantando a mão.)

Entrevista com membro do sindicato: "Devemos permanecer fora".

(Filmagem da fábrica e de máquinas, enquanto o repórter continua.)

Entrevista com gerente (escritório).

(Apresentador nacional)

Câmara dos Comuns responde ao membro de Peterborough.

VI. (Apresentador nacional)

Subsídio para os grevistas em Cowley.

VII. (Apresentador nacional)

(Filmagem de fábrica e piquetes.)

Disputa na fábrica da Chrysler.

VIII. (Apresentador nacional)

Grã-Bretanha tem o maior déficit de sua história na balança de pagamentos mensais.

(Gráfico dos déficits nos meses recentes.)

(Correspondente econômico)

(Ao fundo, imagem fixa de docas.)

Números muito ruins; razões incluem a libra flutuante, importações para o *boom* industrial.

IX. (Apresentador nacional)

Primeiro-ministro e membros da União Trabalhista se reuniram hoje para discutir a economia.

X. (Apresentador nacional)

Acordo assinado em Paris entre Estados Unidos, Vietnã do Norte e do Sul, "Vietcong".

(Filmagem de Kissinger assinando; outros também assinam.)

PROGRAMAÇÃO: DISTRIBUIÇÃO E FLUXO   117

XI.   (Apresentador nacional)
             Marcada a data do casamento da princesa Anne.
             (Imagens fixas da princesa e do noivo; a abadia de Westminster;
             o arcebispo de Canterbury.)

XII.   (Apresentador nacional)
             Congressista da bancada dos trabalhadores defende que a naciona-
             lização deve ser incluída no manifesto eleitoral.

XIII.   (Imagem fixa do inspetor-chefe da polícia civil.)
             Os crimes de violência estão aumentando.

XIV.   (Apresentador nacional)
             Câmara dos Comuns debate terrorismo na Irlanda do Norte.

XV.   (Apresentador nacional)
             Foram apresentados planos para a descentralização dos escritórios
             do governo.
             (Mapa e lista de áreas, com números.)
             (Imagem fixa do Ministério e da cidade planejada.)

XVI.   (Apresentador nacional)
             Acidente com ônibus escolar.

XVII.   (Apresentador nacional)
             O general Gawon da Nigéria chega à Grã-Bretanha.
             (Filmagem da recepção.)
             (Filmagem da esposa dele em hospital infantil.)

XVIII.   (Apresentador nacional)
             Novo material de segurança já está sendo usado nas pistas dos
             aeroportos.
             (Filmagem de um avião se deslocando em pista coberta por super-
             fície de espuma.)

XIX.   (Apresentador nacional)
             Ferrugem torna acidente de carro ainda mais perigoso.
             (Filmagem de batidas de carros enferrujados e de carros sem
             ferrugem.)

XX.   (Meteorologista)
             (Mapas.)

Quente e ensolarado.

XXI.   Títulos de *Nationwide*: imagens de um bebê em um balanço, um caminhão, um bebê é levantado, acidente de carro, homem ao telefone.

XXII.   (Apresentador 1 do *Nationwide*)
Daqui a pouco, conheça um homem que fala com as flores.

XXIII. (Apresentador 2 do *Nationwide*)
Em instantes, dois novos repórteres, crianças, falam sobre brinquedos.
(Filmagem de crianças.)

XXIV.   (Apresentador 1)
Tudo isso e muito mais enquanto você segue com seus programas favoritos, em todo o país.

XXV.   Títulos: *Look East*

XXVI.   (Apresentador local 1)
Assembleia de trabalhadores em Peterborough chega a uma decisão.
(Filmagem da assembleia; votação.)
(Filmagem com trabalhadores justificando o voto que deram.)
Entrevista com representante do sindicato.
(Filmagem da fábrica.)
Entrevista com um gerente (escritório).
Entrevista com o presidente da câmara de comércio local.

XXVII. (Apresentador local 1)
Operação padrão em Wisbech, serviços ferroviários interrompidos.

XXXVIII. (Apresentador local 1)
Manifestação (filmagem) contra projeto de rodovia.

XXIX.   (Apresentador local 1)
Denúncias de irregularidades na eleição do conselho local.

XXX.   (Apresentador local 1)
Expansão das fábricas Bird's Eye (filmagem).

XXXI.   (Apresentador local 1)
Uma sepultura foi violada em Colchester. Há suspeitas de magia negra.

XXXII.	(Apresentador local 1)
	Dois homens foram resgatados de um bote.
XXXIII.	(Apresentador local 1)
	Explosivos encontrados em um poço de Cambridgeshire.
XXXIV.	(Apresentador local 1)
	Formada delegação de Norfolk para discussão de anel rodoviário.
XXXV.	(Apresentador local 1)
	Grama alta causa acidentes nas estradas de Huntingdonshire.
XXXVI.	(Apresentador local 1)
	Corporação de desenvolvimento de Peterborough vende casas.
XXXVII.	(Apresentador local 1)
	Data de partida de futebol.
	(Imagem fixa de capitão de equipe.)
XXXVIII.	Bispo de Ely chega de barco a uma cerimônia.
	Desafia outro bispo a uma competição de cabo de guerra.
	(Filmagem de cabo de guerra.)
XXXIX.	(Apresentador local 2)
	Uma menina continua desaparecida.
	(Imagem fixa de policial; imagem fixa da menina.)
	(Filmagem da estrada por onde a menina caminhava.)
	(Mapa da área.)
XL.	Repórter: novo material de segurança para pistas de aeroportos.
	(Filmagem de uma aeronave testando o novo material de segurança para pistas)
	Entrevista com o piloto.
XLI.	(Apresentador local 2)
	Batido novo recorde em velocidade de beber cerveja.
	Entrevistador: Em quanto tempo? Quantas cervejas? Por quê? – "Para quebrar o recorde".
XLII.	O urso Rupert em Yarmouth.
	(Filmagem de um homem fantasiado de urso em uma praia com crianças.)
XLIII.	Títulos de encerramento: *Look East*.

120 TELEVISÃO

XLIV.   Mapa climático regional.

XLV.   Mapa climático nacional.

XLVI.   (Apresentador 1 de *Nationwide*)
(Repórter)
Nova legislação para esquema da pirâmide.
(Imagem fixa de calendário.)

XLVII.   (Apresentador 1 de *Nationwide*)
(Repórter)
Em uma comunidade na Escócia, as pessoas falam com as plantas para fazê-las crescer; sucesso extraordinário; não há outras explicações.
(Filmagem de jardins.)
Entrevista: diretor
Entrevista: homem diz já ter visto um elfo, pequeno ser que vive entre as plantas.
Entrevista. Jardineiro: ele fala com plantas.
Canção: "I Dreamed a Dream... Of Natural Harmony" (Tive um sonho... de harmonia com a natureza).
Filmagem de flores.

XLVIII.   (Apresentador 1 de *Nationwide*)
"Encarando" a realidade: descentralização das repartições do governo.
Repórteres regionais: Glasgow, Newcastle.
(Filmagem dos prédios do governo já existentes.)
Entrevista com o subsecretário encarregado do projeto.
Repórteres regionais são chamados a comentar (debate entre três deles).

XLIX.   (Apresentador 2 de *Nationwide*)
Crianças (um menino e uma menina) fazem uma reportagem sobre brinquedos novos; elas os testam e divulgam os preços.

L.   Títulos de fechamento.
(Filmagem de flores, repetindo a canção "harmonia com a natureza")

Comentário

Essa é uma sequência característica dos programas de notícias na televisão britânica. Ela está mais deliberadamente planejada que o exemplo norte-americano que vimos em (a), e nela há reportagens e comentários aparentemente menos espontâneos. As características do fluxo estão fortemente marcadas, por exemplo, em II, XVIII, XL ou XXII, XLVII, L. Quanto maior o uso de material visual na composição de um tipo diferente de fluxo, menos se enfatiza a personalidade dos apresentadores (embora essa ênfase seja dada nos programas jornalísticos do tipo revista eletrônica). No fluxo, um grupo característico de prioridades emerge, como de IV para XIX. Um item de escândalo (IV) é colocado primeiro e seguido por um grupo de itens (de V a VII) sobre conflitos industriais. O item mais importante de notícias gerais (VIII) é, então, colocado num contexto indicado por esse fluxo (embora o comentário direto sobre ele ofereça diferentes razões), e essa perspectiva enfatizada é confirmada em IX. Um item relacionado, XII, foi colocado em um ponto diferente e não conectado. Há uma possível interação interessante, em um tema separado, entre XIII e XIV. As cerimônias do Estado estão dispersas entre XI e XVII; acidentes, entre XVI, XVIII e XIX (que retornam em XXI, XXXV, XL).

Outro aspecto geral deve ser destacado sobre o tom que perpassa o todo. Comparemos I, parte de II, parte de XXI, XXII, XXXVIII, XLI, XLII, XLVII, L com V, VI, VII, VIII, IX, XXVI-XXXVI, XLVI ou novamente com IV, XIII ou X, (XIII), XIV, XXXIX. A sequência XXXVIII-XLI é particularmente interessante pelas flutuações aparentemente extraordinárias, mas o ponto é que isso é controlado – como as outras sequências alternativas normais – por um fluxo geral. Uma confirmação disso é dada na forma como a diversidade e a extrema desigualdade de itens são cercadas na ênfase bem-humorada inicial, em XXI e XXII, e no fechamento, em XLIX e L. Em essência, é assim que um fluxo direcionado, ainda que aparentemente misturado e casual, opera culturalmente, seguindo uma estrutura determinada de sentimento.

III. ANÁLISE DETALHADA DE FLUXO E SEQUÊNCIA

a) (Itens XI-XXI de (ii) (a))

                    (Quadro: imagem fixa da ponte Golden Gate.)

Apresentador 1:   Bem, hoje ainda não houve avanço nas duas principais greves da região da baía de São Francisco. As notícias que chegam da greve na refinaria de petróleo da Shell, em Martinez, é que não há notícias. *News Scene* recebeu apenas rumores de que a negociação não está longe de acontecer.

122 TELEVISÃO

Dentro da fábrica, dizem, os supervisores mantêm a produção fluindo bem – a pleno vapor, na verdade. Grevistas também saíram às ruas, hoje, no hospital San José. (Inserção de imagem fixa do hospital e de piquetes.) No fim dessa tarde, *News Scene* recebeu informações não confirmadas de que o sindicato dos trabalhadores da construção civil também saiu às ruas em protesto. (Plano médio, apresentador) Hoje, também em Martinez, dois médicos voltaram ao trabalho após demitidos pela Secretaria de Recursos Humanos do condado. A comissão de supervisores do condado concordou em readmiti-los, e os termos da negociação foram acertados numa sessão informal durante o fim de semana.

Apresentador 2: (Plano médio) Ações legais contra os indígenas em Wounded Knee, e um homem, preso na China por vinte anos, foi libertado hoje à noite. Exibiremos essas e outras reportagens durante o programa. (Filmagem, música: gatos caminhando em diferentes direções.)

Voz masculina: Chinês ou persa, cálico ou azul-americano, angorá ou mestiço, todos os gatos querem variedade. E Little Friskies tem cinco deliciosas refeições ricas em proteína com sabor não artificial. Feito com o verdadeiro fígado de boi, o verdadeiro frango e o verdadeiro peixe. (Gatos comendo.) Little Friskie, a refeição para gatos mais saborosa e rica em proteínas. (Filmagem de uma jovem ao telefone, uma mulher mais velha guarda pratos no armário; barulho de louça.)

Mulher jovem: Você pode por favor parar com esse ruído?

Voz masculina: Quando a dor de cabeça e a tensão que ela pode provocar trazem à tona o pior de você, tome Anacin. Comparados a Anacin – (gráfico circular, com um segmento destacado) –, comprimidos simples de aspirina teriam essa quantidade de anestésico. Anacin tem – (bipes sonoros ritmados, o segmento se fecha até que o círculo fica completo) – toda essa força extra em cada comprimido, atuando rapidamente para aliviar sua dor de cabeça. Anacin alivia rápido a dor de cabeça e também a tensão provocada por ela.

(Filmagem das mulheres novamente; a mulher mais nova traz café para a mais velha; elas se sentam juntas.)

Anacin!

Mulher jovem: Eu tive a pior das dores de cabeça... (sorri).
(Maquete de uma casa.)

Voz masculina 2: Se você tem uma casa em algum lugar na região da baía de São Francisco, você está sentado (maquete é erguida e moedas de ouro caem da porta da frente) numa mina de ouro.

Mulher jovem 2: (sorri) e Pacific Plan vai ajudar você a extrair esse ouro. Se você precisa de mil a 15 mil dólares, pode transformar o valor de sua casa em dinheiro vivo (sorri de modo convidativo) ligando para a garota da Pacific Plan. Então, proprietários de casa, cavem nas páginas amarelas (imagem fixa da lista telefônica, focada no número) e extraiam o ouro.

Mulher jovem 2: Telefone hoje ou amanhã para a garota da Pacific Plan (sorri).

Voz masculina 2: Proprietários de casa (maquete de casa: moedas de ouro jorrando; tilintar), extraiam o ouro.

Mulher: (com flor no chapéu) Nesta quinta é dia da Flor Branca na Macy's. Dia de uma das maiores liquidações do ano, em toda a Macy's. (Acena.) Não perca.

Apresentador 2: (plano médio) Nos acontecimentos internacionais de hoje, uma ótima notícia da República da China: um homem que esteve preso naquele país por um longuíssimo tempo foi finalmente libertado. Outro prisioneiro de guerra havia sido libertado hoje, só que este (Filmagem de um homem em posto da fronteira) é o ex-agente da CIA J. D. Herói da Guerra Fria, ele foi capturado em 1952, em uma missão de espionagem na República Popular da China. Hoje, ele desembarcou na base da força aérea de Clark, em Manila. Um homem livre novamente a caminho de casa para se encontrar com a mãe doente.

Continua a batalha em Wounded Knee. Os Sioux, que possuem uma porção muito pequena da reserva, afirmam que não reconhecem mais o governo dos Estados Unidos (imagem fixa de um índio com cocar). Eles querem a separação do seu território. Enquanto isso, o Departamento de Justiça considera tomar medidas legais. A situação é muito tensa e delicada em Wounded Knee.

(Imagem fixa de palácio francês.)

Na França pitoresca, Georges Pompidou continua como presidente da República. A maioria dos apoiadores gaullistas pertence à parte conservadora do país. Mesmo assim, a representação dos comunistas e dos socialistas dobrou.

(Imagem fixa de uma mão e de uma urna.) Eles reduziram a ala gaullista a sessenta cadeiras. Após estas eleições, são previstas reformas sociais profundas e gerais na República da França.

(Plano médio, apresentador): Palavras duras, hoje, do vice--presidente Agnew, aqui em São Francisco. Ele disse a uma plateia que o controle da inflação depende de o Congresso parar de gastar. Atacou também aqueles que dizem que o presidente está pegando pesado e retirando poderes do Congresso. Isso simplesmente não é verdade, de acordo com (filmagem da reunião) o vice-presidente Spiro Agnew.

Agnew: Alguns membros do Congresso, instigados por comentaristas e colunistas eternamente descontentes, trabalham diligentemente para persuadir o país de que um confronto constitucional (iniciam-se aplausos; a voz se ergue) está em curso. (Aplausos sonoros.) Para sustentar essa tese, o Congresso, de acordo com um jornal de Washington, chamou outro dia um grupo de acadêmicos para aconselhamento sobre a crise constitucional sob Richard Nixon. Esses professores ensinaram ao Congresso que, de fato, não há crise nenhuma.

(Plano médio, apresentador)

Apresentador 2:	O vice-presidente também disse que não conhece nenhum Congresso que tenha se sentido suficientemente amado por um presidente para aprovar por completo o exercício de seu poder, investido pela Constituição dos Estados Unidos. Steve.
Apresentador 3:	(Plano médio) Bem, temos agora mais detalhes sobre aquele assassinato macabro em São Francisco na noite passada. O corpo de um homem foi encontrado pela polícia (filmagem da polícia na rua) em um contêiner de metal nesta manhã. A vítima teve a garganta cortada...

Comentário

Somente quando chegamos de fato perto da substância daquilo que é falado e mostrado, vemos o caráter real do fluxo televisivo. O noticiário é, evidentemente, um caso particular, mas o tipo de fluxo que ele incorpora é determinado mais pelo uso deliberado do meio do que pela natureza do material com que lida. Como nas análises anteriores ((ii), (a)), percebe-se a falta de uma conexão mais clara entre os itens. Ainda assim, outro tipo de conexão é continuamente feito:

> [...] poder, investido pela constituição dos Estados Unidos. Steve.
> Bem, temos agora mais detalhes sobre aquele assassinato macabro em São Francisco na noite passada [...]

Essa ordem é predeterminada, mas conduzida de uma forma que sugere a chegada contínua de notícias. Mais evidente, talvez, seja a sensação de que os apresentadores vão simplesmente falando os itens, de acordo com um planejamento precário. Eles claramente não estão lendo roteiros (essa é uma diferenciação específica das notícias na televisão norte-americana), mas certamente possuem algumas fórmulas de sinalização. Por vezes, essas fórmulas marcam distanciamento, um tipo de localização:

> [...] uma ótima notícia que vem da República da China [...]
> [...] Na França pitoresca [...]

(Nesse último caso, a frase está determinada, ainda que curiosamente, pela ilustração.)

Muitas das formas de noticiar na televisão transmitem a sensação de um borrão, de algo apressado. O ritmo e o estilo do noticiário possuem certa prioridade sobre seus itens. Essa sensação de uma transmissão apressada vinda de todos os pontos entra em grande contraste com a deliberação cuidadosa dos comerciais. Em um nível, a média de duração de um elemento noticioso é de fato determinada pela unidade tempo de atenção que os comerciais estabeleceram. Nada é plenamente relatado, embora exista tempo suficiente para falar sobre um ladrão de galinhas em um estado distante. No entanto, o fluxo de itens apressados estabelece um senso de mundo: eventos surpreendentes e misturados chegam, passando uns por cima dos outros, de todos os lados. Os eventos são capturados enquanto "voam", no exato momento em que acontecem, com uma etiqueta interpretativa mínima e convencional. As mensagens mais organizadas, com um uso planejado de imagem e som, são os comerciais gravados, que claramente operam na mesma dimensão comunicativa. Vozes são usadas tanto no noticiário como nos comerciais para capturar a atenção. Artifícios de repetição para sustentar ênfase no fluxo são comuns em ambos:

As notícias que chegam de [...] Martinez é que não há notícias [...]
Anacim [...] Anacim [...] Anacim [...] Anacim [...] Anacim [...]
Extraia o ouro [...] extraia o ouro [...] extraia o ouro [...]
Continua a batalha em Wounded Knee [...] em Wounded Knee [...]

A sensação (em geral, falsa) de instantaneidade, de acontecimentos simultâneos é sustentada de maneira parecida:

hoje [...] hoje [...] hoje [...] agora [...] rápido [...] hoje [...] ou amanhã [...] não perca [...] hoje [...] a seguir [...] hoje [...] hoje [...] neste momento [...] hoje [...] agora [...]

De fato, são as notícias do dia, enfaticamente captadas em pleno voo. Se um interesse não pode ser satisfeito ("rumores", "informações não confirmadas"), ainda assim é estimulado. E através de tudo isso, algumas referências nodais de significado e valor são enfatizadas:

greves [...] fluindo bem [...] demitido [...] readmitido [...] homem livre [...] variedade [...] força extra [...] ouro [...] homem livre [...] mãe doente [...]

As preocupações selecionadas são as correntes internas dominantes do que pode ser entendido, em um primeiro contato (e geralmente não haverá outro), como um fluxo mesclado, até casual, determinado externamente.

Os significados e os valores implícitos dos comerciais necessitam de um breve comentário final. Há uma transferência mútua entre as fórmulas deles e aquelas dos programas isolados. A informação do item noticioso é transferida ao modo de recomendar uma comida para gatos: "Rico em proteína [...] não é artificial". Comparemos, por exemplo, com "porção muito pequena da reserva [...] muito tensa e delicada", "continua como presidente [...] reformas sociais profundas e gerais". O modo do folhetim doméstico interage com aquele do comercial de comprimido para dor de cabeça, com a significativa interpretação: "Tensão [...] o pior em você". A empresa de empréstimos para proprietários recorre ao filme histórico (estamos na Califórnia): "Sentado em uma mina de ouro [...] extraia o ouro". As raças, no comercial de comida para gato, são mostradas como em um documentário sobre animais. O "artifício instrutivo" da "força extra" no comprimido para dor de cabeça interage com a televisão e diagramas educativos. A maquete da casa com moedas de ouro jorrando interage com o entretenimento televisivo para crianças. A jovem, convidando o proprietário de casa a telefonar (de alguém que pede um empréstimo para aquele que empresta), usa o olhar e o tom de voz de um convite (parcialmente sexual) "pessoal" e generalizado.

Em todos esses modos, e em suas combinações essenciais, esse é o fluxo de significados e valores de uma cultura específica.

5.
EFEITOS DA TECNOLOGIA E SEUS USOS

A. CAUSA E EFEITO EM SISTEMAS DE COMUNICAÇÃO

Desde que a televisão se tornou uma forma social popular, seus efeitos são amplamente discutidos. O aspecto mais significativo desse debate tem sido o isolamento do meio de comunicação. Especialmente em sociedades industriais avançadas, a visibilidade social generalizada da televisão e sua quase universalidade têm atraído identificações simplórias de causa e efeito acerca da participação dela em transformações sociais e culturais. O que é significativo não é a confiabilidade dessas identificações em particular; como veremos, quase nenhum efeito chega perto de satisfazer os critérios de prova científica ou mesmo de uma probabilidade geral. O que é realmente significativo é a atenção direcionada para certas questões – de um lado, as que se referem a "sexo" e "violência"; de outro, a "manipulação política" e "degradação cultural". Essas questões são tão genéricas que, obviamente, não poderiam ser examinadas num meio de comunicação isolado. Na medida em que a televisão está implicada com essas questões, elas devem ser vistas num processo cultural e social como um todo. Parte dos estudos sobre efeitos da televisão deve ser, então, percebida como uma ideologia, uma forma de interpretação de uma mudança geral por uma causa abstrata e deslocada.

Quando emergiu como um método no início da sociologia clássica, a ciência cultural preocupou-se em estabelecer uma necessária diferenciação entre seus procedimentos e aqueles das ciências naturais. No conceito central de "compreensão" e na sensibilidade para com os problemas de juízo de valor e de participação e envolvimento do pesquisador, ela era radicalmente diferente dos pressupostos e dos métodos da "sociologia da comunicação de massa", que é agora ortodoxa e, por vezes, até mesmo reivindica a autoridade dessa sociologia clássica. A mudança

130 TELEVISÃO

pode ser vista de uma forma simples, por meio da fórmula criada por Lasswell como o princípio metodológico dos estudos de comunicação: a questão "quem diz o quê, como, para quem, com que efeito?". Essa questão excluiu a "intenção" e, assim, todo real processo social e cultural.

Vamos supor que reformulemos essa questão, da seguinte forma. "Quem diz o quê, como, para quem, com qual efeito e com que propósito?". Isso pelo menos direcionaria nossa atenção para os interesses e as operações de comunicação, que estão excluídos da questão ortodoxa. Mas a exclusão não é acidental. Faz parte de um modelo social geral que abstrai processos sociais e culturais de conceitos, tais como "socialização", "função social" ou "interação". Assim, a socialização tem sido definida como "o aprendizado das formas de se tornar um membro funcional da sociedade", mas é evidente que esse processo ocorre em todas as sociedades; por essa razão, esse é um conceito indiferente quando aplicado a qualquer processo social e cultural real e particular. Dá-se prioridade teórica ao que o processo possui em comum em muitas sociedades diferentes, valorizando-o, assim, em detrimento das radicais diferenças de "modos" e de "funcionamento" e do caráter altamente diferencial de ser um membro da sociedade, o que na prática define todo o processo. As noções abstratas de "socialização" e de "função social" possuem o efeito de conferir normalidade e, nesse sentido, legitimidade a qualquer sociedade em que um processo de aprendizado e de relações pode ocorrer. Quando é assim, a intenção, em sentido lato, não pode ser reconhecida, muito menos estudada. Dizer que a televisão é agora um fator de socialização ou que seus controladores e comunicadores estão exercendo uma função social particular é dizer muito pouco, até que as formas da sociedade que determinam qualquer socialização particular, bem como as funções de controle e comunicação, sejam especificadas.

Os conceitos centrais da ciência cultural – compreensão, julgamento de valor, o envolvimento do pesquisador – foram, portanto, excluídos ou driblados. Isso explica a consequente ênfase nos efeitos e a dissolução das causas nas noções abstratas de "socialização" ou "função social" ou na particularização falsa de uma tecnologia autodirigida. Isso explica também a descrição ortodoxa de tais estudos, como o estudo das "comunicações de massa". O que está de fato envolvido nesta palavra descritiva, "massa", é todo o problema controverso das relações sociais reais em que operam os sistemas modernos de comunicação. Esse uso meramente descritivo e presumido é um modo de evitar a verdadeira sociologia da comunicação, mas é ortodoxo em muitos pontos e em teorias e estudos que, tirante esse aspecto, são sofisticados. Uma versão particular de empirismo – não o embasamento geral em experiência ou provas, mas um embasamento particular em provas dentro dos termos dessas funções pressupostas (socialização, função social, comunicação de massa) – apropriou-se, em grande medida, da prática de investigação social e cultural e, nos termos de distorção da ciência cultural, reivindica a autoridade abstrata de "ciência social" e de "método científico" contra todos os outros modos de experiência e análise. Contra essa prática confiante e institucionalizada, nem sempre nos é permitido dizer que, somente num segundo plano, o trabalho da ciência social e cultural é uma questão de procedimento metodológico; fundamentalmente, ele é o estabelecimento de uma consciência de processo, que irá incluir consciência de intenções, assim como de métodos e de conceitos operantes.

Os efeitos, além do mais, só podem ser estudados em relação a intenções reais, e essas devem ser claramente distinguidas das intenções declaradas, assim como de processos sociais gerais supostos e isentos. Isso demandará o estudo real das operações, não de suas formas aparentes. Da maneira como tem sido feito, entretanto, o estudo de efeitos foi racionalizado antecipadamente. Ele examina os efeitos no "processo de socialização", quer dizer, na prática ou na quebra de normas sociais – "violência", "delinquência", "permissividade" ou nas "reações de massa" (massa que, certamente, será classificada em segmentos) – e as reações políticas, culturais ou econômicas de consumidores, quando votam, compram ingressos ou simplesmente gastam dinheiro. Com esta distinção, porém: esses últimos estudos têm sido financiados por organizações interessadas (de radiodifusão, agências de publicidade e de pesquisa de mercado, partidos políticos), enquanto os primeiros têm sido financiados principalmente por grupos de interesse social e autoridades políticas e culturais. Alguns estudos escaparam da definição de interesse que as verdadeiras agências impuseram; em certas universidades, apesar do trabalho muitas vezes estratificado e confuso, há também iniciativa independente. Mas muito pouco tem escapado das definições mais abrangentes, incluindo as definições de procedimento, que são a consequência real do sistema social e da ideologia em que a pesquisa se enquadra. Se nos aproximarmos de qualquer estudo de efeitos, devemos retornar a uma consideração científica de causas.

B. ALGUNS ESTUDOS DE EFEITOS

O caso da "violência na televisão" é um exemplo útil. Aqui, as provas experimentais estão extraordinariamente misturadas[1]. Em grande parte, essas pesquisas sustentam a visão de que "observar a violência no meio de comunicação de massa" pode ser um fator que, embora não determinante, contribui para um subsequente comportamento agressivo. Uma visão minoritária é bem diferente: o efeito de observar violência na televisão é catártico. Uma visão ainda mais minoritária enfatiza a possibilidade de efeitos tanto estimuladores como catárticos. Algumas tentativas profícuas foram feitas para distinguir, como é de fato crucialmente necessário, entre diferentes formas de violência, diferentes níveis de sua retratação ou sua representação e diferentes grupos de espectadores. Deve-se fazer ainda a distinção necessária entre efeitos imediatos e de longo prazo.

É importante que esse trabalho continue e se desenvolva. Mas "violência" é um exemplo notável dos efeitos do conceito abstrato de "socialização". Supõe-se, por exemplo, que um comportamento violento é indesejável, pois contradiz as normas do comportamento social aceito. Mas devia ser evidente, se olharmos para as sociedades reais, que esse não é o caso. Cada sociedade em que esse trabalho foi feito estava na época engajada em ações violentas – algumas delas, de grande escala e intensidade –, que haviam sido autorizadas pelas normas da sociedade, no sentido de decisões políticas dentro de procedimentos normais para executá-las e continuá-las. Ao mesmo tempo e por razões sociais que podemos imaginar, algumas outras práticas violentas – notavelmente protestos violentos e assalto à mão armada nas sociedades – foram identificadas e condenadas. Em que sentido, então, podemos dizer que a "violência" é uma violação do processo de socialização? A verdadeira norma, nessas sociedades reais, então, seria: "Violência não autorizada é inadmissível". Isso dependeria de um conjunto preciso de distinções, dentro de um determinado sistema social, entre formas aprovadas e inadmissíveis de comportamento, e, no nível dessa verdadeira operação, as identificações nunca seriam duvidosas e de fato seriam racionalizadas como a "lei". (A lei pode punir você, se você se recusar a matar numa guerra em um país estrangeiro; a lei pode punir você, se você matar ou

---

[1] Um bom resumo a respeito pode ser encontrado em James Halloran (org.), *The Effects of Television* (Londres, Panther, 1970), p. 54-64.

assaltar durante um roubo em seu próprio país ou em uma briga política interna.) A racionalização corresponde a uma estrutura social particular.

Enquanto, nesse nível, isso está claro para as organizações interessadas, quando entramos no processo de comunicação, isso pode estar longe de ser evidente tanto para os espectadores quanto para os produtores de suas representações. Tais confusões nos espectadores podem ser separadamente estudadas – esse é um importante efeito, que pode ser revelado. Mas é no nível das operações e da produção que as práticas reais, e suas confusões implícitas e possíveis, demandam análise. O pressuposto comum parece afirmar: "Essa sociedade desencoraja comportamento violento; comportamento violento é constantemente representado e noticiado na televisão; precisamos estudar esses efeitos nas pessoas". Certamente, qualquer um que olhe analiticamente para as duas primeiras afirmações sentiria a necessidade de examinar as relações absolutamente extraordinárias entre elas. Claro que a contradição aparente pode ser racionalizada: os controladores da televisão não se importam e são gananciosos, governados apenas pelo lucro que pode ser gerado pelos programas que exibem violência. (Em um nível adicional de racionalização, o próprio meio de comunicação pode ser reificado: "A televisão acha a violência excitante".) No entanto, isso não explica o relacionamento estranho entre o "desencorajamento da violência pela sociedade" e a constante representação da violência por um importante sistema de comunicação social. Devemos admitir que, talvez, as organizações de televisão estejam fora da estrutura normal da sociedade? Em todos os países em que a pesquisa é realizada, o controle e a propriedade dos sistemas de televisão são característica central do controle e da propriedade social geral e (em parte) das autoridades. Quando isso é percebido, é razoável dizer: "Essa sociedade encoraja comportamentos violentos; comportamentos violentos são constantemente representados e noticiados na televisão, seu principal sistema de comunicação". Mas a verdade é que nada disso será presumido. O que realmente estamos confrontando é uma contradição dentro do próprio sistema social. É, então, para a sociologia da contradição que devemos direcionar nossa principal atenção científica.

Um tipo diferente de problema aparece quando examinamos estudos dos efeitos da televisão no comportamento político, bem revisados por Jay G. Blumler[2].

---

[2] Ver Jay G. Blumler, "The Political Effects of Television", em James Halloran (org.), *The Effects of Television*, cit., p. 70-87.

O núcleo do problema é que determinada sociedade define o comportamento político em seus próprios termos: na Grã-Bretanha e nos Estados Unidos, por exemplo, votando ou avaliando líderes políticos. Essas práticas têm a vantagem adicional de ser facilmente quantificadas. Os primeiros estudos pareciam mostrar, contudo, que a televisão tinha pouca influência nessas decisões. Os estudos mais recentes, ainda que não neguem os anteriores, encontraram alguma influência mensurável na informação sobre políticas partidárias e, embora isso seja difícil de interpretar, na persuasão daqueles que possuíam inicialmente baixa adesão ou motivação político-partidária.

Ainda que seja útil tomar conhecimento desses achados e também buscar outros trabalhos semelhantes, a pergunta mais importante a ser feita é sobre as causas dessas definições de efeitos políticos. É verdade que agora surgem alguns estudos de "efeitos sistêmicos", em detrimento dos efeitos em eleitores individuais computáveis. Isso também tem sido normalmente realizado a partir dos termos do modelo político que estabeleceu as definições iniciais. Portanto, observa-se corretamente que, durante as eleições, mas também em outros períodos de controvérsia geral, a televisão como sistema tem se tornado o campo mais evidente de condução do debate político. Entrevistadores e comentaristas televisivos se tornaram, em certo sentido, figuras políticas em seu próprio direito, e existe tensão evidente entre eles e os (normalmente eleitos) líderes políticos ortodoxos. Mas, pelo grau em que os líderes dependem (ou acreditam que dependem) da cobertura televisiva, essa tensão não impede que eles se submetam a um questionamento público e mais aberto de suas políticas do que em qualquer outro sistema de comunicação com o qual se possa comparar. Tudo isso é, pelo menos, um ganho claro.

Ainda é verdade que esse tipo de efeito está dentro dos termos de determinado sistema político e de suas definições particulares de comportamento político. A avaliação competitiva de líderes e por meio deles (normalmente somente por meio deles) das políticas é tomada como norma. Isso imediatamente levanta uma questão. Pelo menos na Grã-Bretanha, durante esse período da televisão como serviço majoritário, esse modo de comportamento político está em declínio, dado que a proporção de eleitores votando nas eleições tem diminuído continuamente. No mesmo período, outras formas de comportamento político – notadamente passeatas e greves políticas – aumentaram significativamente. Para investigar isso, seria necessário um modelo muito diferente de causa e efeito. Pode-se argumentar que o aumento da exposição à avaliação competitiva nesses termos enfraqueceu a adesão às eleições ocasionais como modo político ou mesmo que (dadas outras formas de estímulos políticos pela televisão – as notícias sobre passeatas, a dramatização de certas questões) tenha contribuído para o fortalecimento de modos alternativos. Pouca coisa é conhecida sobre isso, pela importante razão de que os efeitos foram pressupostos, inicialmente, com base nos termos do funcionamento de determinado sistema.

Subjacente à investigação ortodoxa dos efeitos da televisão, seja em uma questão como violência, seja em outra tão diferente quanto votação, podemos observar um modelo cultural particular, que tende a determinar o escopo e o método. O que normalmente se pergunta sobre a televisão é a influência que ela exerce em comparação com outras influências. Todas essas influências – a televisão, o lar, a escola, a imprensa, o trabalho – são tomadas separadamente, ainda que se admita a interação entre elas. Os efeitos podem, então, ser medidos, e as tecnologias, refinadas. Num sentido importante, não pode haver nenhuma pergunta sobre causas, porque a prática social total foi desintegrada nesses fatores separáveis ou – uma importante condição para essa separação – foi considerada como normal: o processo *real* de socialização ou de política democrática ou do que quer que seja. Assim, os efeitos são comumente estudados em um nível terciário, como entre fatores competitivos ou alternativos, e na violação ou na observância de determinadas normas sociais, culturais e políticas. No entanto, esses fatores e normas já são eles mesmos efeitos: são as instituições estabelecidas, relações e valores de determinada ordem da sociedade. As causas primárias, em determinada ordem da sociedade, são, então, usualmente deslocadas por uma esfera duvidosa de efeitos tomados como causas; assim, o estudo de efeitos torna-se, em termos reais, os efeitos isoláveis dos efeitos.

A importância particular disso, no caso da televisão, é o reforço de tendências para pensar determinado sistema cultural – as intenções e os usos de uma tecnologia – de modos limitados ou enganosos. Quer dizer, estudam-se os sintomas de um modo de ação que, no entanto, permanece sem ser examinado ou – esta posição é em parte preparada pela anterior – estuda-se um modo de ação como um sistema, em casos extremos alcançando a proeza final da abstração, quando se supõe que o que está sendo estudado é simplesmente "um meio de comunicação", uma "tecnologia", com suas próprias leis internas de causa e efeito.

C. A TECNOLOGIA COMO CAUSA

Estudos sociológicos e psicológicos dos efeitos da televisão, que, dentro de seus limites, têm sido, com frequência, sérios e cuidadosos, foram significativamente suplantados, durante a década de 1960, por uma teoria plenamente desenvolvida da tecnologia – o meio de comunicação – como determinante. Houve, como veremos, muita ideologia implícita nas pesquisas sociológicas e psicológicas, mas a nova teoria era explicitamente ideológica: não apenas uma ratificação – de fato uma celebração – do meio de comunicação em si, mas uma tentativa de cancelamento de todas as outras questões sobre ele e seus usos. O trabalho de McLuhan foi a culminação particular de uma teoria estética que se tornou, negativamente, uma teoria social: o desenvolvimento e a elaboração de um formalismo que pode ser visto em vários campos, da crítica literária e da linguística à psicologia e à antropologia, mas que adquiriu influência popular mais importante em uma teoria de isolamento dos "meios de comunicação".

Nesse caso, caracteristicamente – e como ratificação explícita de usos particulares –, há uma sofisticação aparente nessa área de crítica sobre causas e efeitos que estamos discutindo. É um determinismo tecnológico aparentemente sofisticado, que tem o importante efeito de indicar um determinismo social e cultural: um determinismo que, podemos dizer, ratifica a sociedade e a cultura que temos agora, especialmente seus direcionamentos internos mais poderosos. Se o meio de comunicação – a imprensa ou a televisão – é a causa, todas as outras causas, todas aquelas que os homens habitualmente entendem como história, estão imediatamente reduzidas a efeitos. De modo semelhante, o que, em outras pesquisas, é visto como efeito, e nessa condição sujeito ao questionamento social, cultural, psicológico e moral, está excluído como irrelevante por comparação com os efeitos fisiológicos diretos – e, por isso, psíquicos – dos meios de comunicação. A formulação inicial – "o meio é a mensagem" – era um simples formalismo. A formulação seguinte – "o meio é a massagem" – é uma ideologia direta e funcional.

Há, evidentemente, características específicas em diferentes meios de comunicação, e essas características estão relacionadas a situações e intenções históricas e culturais específicas. Muito do apelo inicial da obra de McLuhan foi a aparente atenção que ele dedicou à especificidade do meio: as diferenças de qualidade entre a fala, a imprensa, o rádio, a televisão, entre outros. Na obra dele, assim como em toda a tradição formalista, os meios de comunicação nunca foram realmente vistos como práticas. Toda prática específica era incorporada por uma função psíquica arbitrariamente assinalada, e isso resultou na dissolução não somente das intenções específicas, como também das gerais. Se os meios de comunicação específicos são essencialmente ajustes psíquicos, vindos não das relações entre nós, mas entre um organismo humano generalizado e o ambiente físico geral, então é óbvio que a intenção, em qualquer caso geral ou particular, será irrelevante. Desprezando-se a intenção, despreza-se também o conteúdo, aparente ou real. Todas as operações dos meios de comunicação são, assim, dessocializadas; tornam-se simples eventos físicos em um sensório abstrato e são distinguíveis somente pela variação das frações de sensibilidade. Mas é interessante que, dessa base completamente a-histórica e associal, McLuhan projete certas imagens da sociedade: "retribalização" pela "era eletrônica"; a "aldeia global". Como descrições de qualquer estado social ou tendência observáveis, no período em que os meios de comunicação eletrônicos são dominantes, essas imagens são tão absurdas que levam a outra questão. O fato físico da transmissão instantânea como possibilidade técnica foi elevado acriticamente à condição de fato social, sem nenhuma pausa para notar que praticamente todas as transmissões como essa são imediatamente selecionadas e controladas por uma autoridade social existente. McLuhan, aparentemente não dá atenção a esses controles; os únicos controles que vislumbrava eram um tipo de distribuição e racionamento de meios de comunicação particulares para efeitos psíquicos particulares, que, segundo acreditava, dissolveriam ou controlariam qualquer problema social que aparecesse. Mas as abstrações técnicas, projetadas descuidadosamente em modelos sociais, possuem o efeito de cancelar toda a atenção que devia ser dada às instituições de comunicação existentes e em desenvolvimento (e já sendo contestadas). Se o efeito do meio é sempre o mesmo, não importando quem o controle ou use, nem o conteúdo que se tente inserir, então podemos esquecer todo o debate político e cultural e deixar a tecnologia operar por si mesma. Não é surpreendente que essa conclusão tenha sido bem recebida pelos "homens dos meios de comunicação" das instituições existentes. Ela dá o verniz de teoria vanguardista às versões mais rudimentares de interesses e práticas existentes e condena todos os críticos a uma irrelevância pré-eletrônica. Então, o que começou como puro formalismo e especulação acerca da essência humana termina como teoria e prática social operativas, no coração das instituições de comunicação mais dominadoras e agressivas do mundo.

A retórica particular da teoria da comunicação de McLuhan provavelmente não durará muito. Mas ela é significativa sobretudo como exemplo de representação ideológica da tecnologia como causa e, nesse sentido, terá seguidores, à medida que as formulações particulares perderem força. O que deve ser observado, por outro lado, é a posição radicalmente diferente em que a tecnologia, incluindo a tecnologia da comunicação e, de modo específico, a televisão, é vista ao mesmo tempo como uma intenção e o efeito de uma ordem social particular.

D. A TECNOLOGIA COMO EFEITO

Se eliminarmos a história, no sentido de tempos e lugares reais, podemos conceber uma natureza humana abstrata com necessidades psíquicas específicas, a que formas variadas de tecnologia e de relações sociais vêm satisfazer. Esse modelo puramente idealista da natureza humana pode ter culminações específicas variáveis – o fim da alienação, a redescoberta da tribo –, mas, nesse processo, a tecnologia é sempre uma efusão humana, a extensão de um membro ou sentido. Somente podemos acreditar no destino e no processo se considerarmos que existe uma essência humana à espera de se realizar nesses modos, com propósitos metafisicamente inatos, se ainda não concretizados. O modelo pode ser relacionado à história somente por meio de um retrospecto interminável, em que, mediante seleção, um processo como esse pode ser generalizado ou demonstrado. Caracteristicamente, num modelo como esse, não haverá mais história: a era culminante já chegou.

Qualquer eliminação da história, no sentido de tempos e lugares reais, é essencialmente a eliminação do mundo contemporâneo, no qual, dentro de limites e sob pressões, os homens agem e reagem, lutam e concedem, cooperam, entram em conflito e competem. Uma tecnologia, quando alcançada, pode ser vista como uma propriedade humana geral, uma extensão da capacidade humana geral. Mas todas as tecnologias foram desenvolvidas e melhoradas para ajudar nas práticas humanas conhecidas ou nas práticas previstas e desejadas. Esse elemento de intenção é fundamental, mas não exclusivo. A intenção original corresponde às práticas conhecidas e desejadas de um grupo social particular.

O ritmo e a escala de desenvolvimento serão afetados radicalmente pelas intenções do grupo específico e por forças relativas. No entanto, em muitos estágios posteriores, outros grupos sociais, algumas vezes com outras intenções ou, pelo menos, com uma escala diferente de prioridades, vão adotar e desenvolver a tecnologia, frequentemente com diferentes propósitos e efeitos. Além disso, haverá em muitos casos usos e efeitos imprevistos, que são outra qualificação real da intenção. Portanto, um explosivo pode ser desenvolvido a comando ou pelo investimento de uma classe dominante ou, ainda, pelo investimento ou para os lucros de um empreendimento industrial e acabar usado por um grupo revolucionário contra essa mesma classe dominante ou por criminosos contra a propriedade dessa indústria.

Em outras palavras, se devemos rejeitar o determinismo tecnológico, em todas as suas formas, temos também que ter cuidado para não o substituir por uma tecnologia determinada. O determinismo tecnológico é uma noção insustentável, porque substitui as intenções econômicas, sociais e políticas pela autonomia aleatória da invenção ou por uma essência humana abstrata. Mas a noção de uma tecnologia determinada é também, de forma semelhante, uma versão apenas parcial ou de uma face do processo humano. Determinação é um processo social real, mas nunca (como em algumas versões teológicas e marxistas) um conjunto de causas completamente controladoras e definidoras. Pelo contrário, a realidade da determinação é estabelecer limites e exercer pressões, dentro dos quais as práticas sociais variáveis são profundamente afetadas, mas não necessariamente controladas. Trata-se de pensar a determinação não como uma única força ou uma única abstração de forças, e sim como um processo em que fatores determinantes reais – a distribuição de poder ou de capital, a herança social e física, as relações de escala e de tamanho entre grupos – colocam limites e exercem pressões, mas não controlam nem preveem completamente o resultado de uma atividade complexa nesses limites, sob ou contra essas pressões.

O caso da televisão é um exemplo excelente. Vimos que o processo complexo de sua invenção teve intenções específicas militares, administrativas e comerciais, e cada uma delas interagiu com o que foram – por períodos reais, ainda que limitados, ou de formas reais, ainda que limitadas – intenções científicas. Nesse estágio de transição de uma invenção para uma tecnologia, o processo de desenvolvimento chegou a ser dominado por intenções comerciais, embora ainda com alguns interesses políticos e militares efetivos. Então, essa primeira intenção comercial adquiriu intenções sociais e políticas gerais, em noções de treinamento e controle sociais que em parte se harmonizaram, em parte entraram em conflito com as intenções comerciais dirigentes (com estas últimas ganhando ascendência nos Estados Unidos, embora nunca uma ascendência ilimitada; e as primeiras ganhando, mas depois perdendo, ascendência na Grã-Bretanha, embora a perda também não tenha sido total). No entanto, à medida que as intenções se tornaram efeitos, outra dimensão se abriu. Não foram somente grupos dominantes ou comerciais que reconheceram os problemas da comunicação em condições de uma mobilidade complexa e privatizada, mas também as muitas pessoas que experimentavam esse processo como sujeitos. Para aqueles que controlam e programam a televisão, essas pessoas podem parecer meros objetos: um público de espectadores ou um mercado. Mas do lado delas da tela, se estavam expostas de um novo modo, por necessidade, também estavam expostas a certas oportunidades incontroláveis. Essa interação complicada ainda se encontra em desenvolvimento.

A alfabetização mostrou complicações semelhantes. É interessante que, no início da revolução industrial na Grã-Bretanha, quando a educação teve de ser reorganizada, a classe dominante decidiu ensinar os trabalhadores a ler, mas não a escrever. Se eles pudessem ler, entenderiam novos tipos de instrução e, ainda, a Bíblia, para a elevação moral. Eles não precisavam saber escrever, já que não teriam ordens, instruções nem lições a comunicar. No máximo, eles poderiam se esforçar para produzir assinaturas simples, que seriam exigidas, ocasionalmente, para propósitos oficiais. O aprendizado completo da escrita se deu depois, com um maior desenvolvimento da sociedade e da economia. E o que aconteceu com a leitura é muito significativo, pois não há maneira de ensinar um homem a ler a Bíblia que não o capacite também para ler os jornais. Uma intenção controlada tornou-se um efeito incontrolado. No entanto, a aquisição da leitura, como agora, envolveu quase sempre uma submissão a um longo período de treinamento social – educação –, em que várias outras coisas, além da alfabetização ou de habilidades semelhantes, foram ensinadas; de fato, foram ensinados valores e normas que se tornaram, muito frequentemente, parte inextricável da alfabetização.

A característica singular da radiodifusão – primeiro em som e depois, de forma mais evidente, na televisão – tem sido o fato de que sua comunicação é acessível ao desenvolvimento social normal: ela não requer nenhum treinamento específico que leve as pessoas para a órbita da autoridade pública. Se podemos ver e escutar pessoas em nosso círculo imediato, também podemos ver e escutar televisão. Muito do grande apelo do rádio e da televisão deve-se à sensação de um acesso aparentemente não mediado. As mediações reais terão que ser observadas de forma atenta, mas, ainda assim, elas quase sempre passam despercebidas. Tudo o que é oferecido é um aparelho com um botão para ligar e um seletor de canais: podemos ligá-lo ou desligá-lo ou variar o que receber. Através de sua história, existe essa percepção popular de que a radiodifusão é uma alternativa bem-vinda à ordem social de comunicação normal e reconhecível.

Muitos que são conscientes dos poderes manipuladores do rádio e da televisão, ou do apelo aparentemente incansável que exercem sobre as crianças, reagem de formas que implicitamente suprimem toda a outra história da comunicação. Assim, frequentemente se diz com indignação que a televisão é o "terceiro pai", como se as crianças não tivessem tido, em todas as sociedades desenvolvidas, um terceiro pai na forma de padres, professores ou chefes, isso para não falar dos pais e dos parentes reais que, em muitos períodos e culturas, intervieram para controlar ou instruir. Contra todas essas alternativas, uma comunicação em que se pode sintonizar e mudar de canal exerce uma profunda atração. Dizem também que as pessoas são expostas à propaganda pela televisão, como se mestres, empregadores, juízes e padres nunca tivessem existido.

É interessante que muitas das contradições da democracia capitalista emergiram com o argumento do controle televisivo. A versão britânica da responsabilidade pública foi uma ênfase, em termos novos, dos papéis do padre e do professor, tendo por trás todo um conjunto de significados e valores dominantes e normativos. A versão norte-americana de "liberdade pública" foi a radiodifusão aberta, sujeita somente à compra de instalações, que então estabeleceu a liberdade em relação direta com as desigualdades econômicas existentes. Nos dois casos, o controle teoricamente perdido devido ao arbítrio de ligar o aparelho e de selecionar canais foi reconquistado pela propriedade de transmissão paternalista ou capitalista. Isso explica as realidades das mediações contemporâneas e por que ouvintes e espectadores buscam novas fontes, o que aparentemente é irrepreensível. Muitas pessoas da classe trabalhadora britânica receberam com entusiasmo a cultura norte-americana ou o caráter norte-americanizado da televisão comercial britânica, como uma alternativa à versão pública, que, de uma posição subordinada, elas já conheciam muito bem. Em várias partes do mundo, essa cultura aparentemente flutuante e acessível foi uma alternativa bem-vinda aos padrões e às restrições culturais locais. Jovens em toda a Europa deram as boas-vindas às emissoras piratas, como uma alternativa a autoridades de quem suspeitavam, desconfiavam ou simplesmente de que estavam cansados. A ironia foi que o que veio de graça, fácil e acessível era uma operação estratégica realizada por uma autoridade distante e invisível – as corporações norte-americanas. Em termos imediatos e locais, como em outros casos mencionados, isso não era à primeira vista uma questão importante, já que a possibilidade de escolha era exercida, naquele lugar, naquele momento.

A televisão é atualmente o principal meio de comunicação para toda uma geração. Ela tem surtido certos efeitos planejados, que correspondem a certas intenções explícitas, essencialmente declaradas pelo caráter diversificado das instituições de televisão. Mas também tem provocado efeitos imprevistos, entre eles o desejo de se apropriar da tecnologia. No submundo radical dos jovens e, ainda mais, no submundo cultural dos jovens, há uma familiaridade com o meio de comunicação e um forte desejo por experimentação e prática. Isso pode ser considerado um efeito tão importante como a passividade prevista, que é mais amplamente divulgada. De fato, por meio do uso prolongado de uma tecnologia que pareceu limitada a fins comerciais, paternalistas ou autoritários, muitas pessoas – não sabemos ainda se em número suficiente – conceberam intenções e usos bem diferentes. Essa é a resposta crítica à noção de uma tecnologia determinada, como também à noção mais comum de um determinismo tecnológico. Porque esses novos usos são pelo menos tão adequados à tecnologia como os usos e as intenções que a haviam definido até então. Será a partir dessa geração criada com a televisão que poderemos tirar continuamente exemplos e propostas de criação e comunicação eletrônica tão diferentes da televisão ortodoxa que uma nova tecnologia e forma cultural parecem constituir. A transmissão da assembleia dos cidadãos pela televisão é uma definição radicalmente alternativa das relações entre os "produtores" e os "espectadores". A peça teatral multitelas é uma definição radicalmente alternativa à projeção emoldurada ou de um fluxo emoldurado. Quando a televisão começava a parecer uma forma cultural determinada ou uma tecnologia determinada, surgiram essas definições e práticas radicalmente alternativas, tentando encontrar seu próprio caminho.

Como a tecnologia se desenvolverá de agora em diante não é somente questão de algum processo autônomo dirigido por engenheiros distantes. É uma questão de definição social e cultural, de acordo com os fins que se buscam. A partir de uma gama de desenvolvimentos e possibilidades existentes, prioridades e instituições variadas estão agora claramente na agenda. No entanto, isso não significa que a questão não está determinada; os limites e as pressões são reais e poderosos. A maioria do desenvolvimento técnico está nas mãos de corporações que expressam a articulação contemporânea entre as intenções militares, políticas e comerciais. Da mesma forma, grande parte do desenvolvimento político está nas mãos de corporações de radiodifusão instituídas e das burocracias políticas de alguns poucos Estados poderosos. Tudo o que tem sido estabelecido até agora é que nem a teoria nem a prática da televisão como a conhecemos é uma causa necessária ou preditora. A teoria e a prática atuais ortodoxas são, pelo contrário, efeitos. Logo, a mudança da teoria e da prática não dependerá das propriedades fixadas do meio de comunicação nem do caráter necessário de suas instituições, mas de ação e luta sociais continuamente renováveis. É por isso que devemos nos voltar agora para os problemas emergentes atuais da tecnologia e das instituições.

6.
TECNOLOGIA ALTERNATIVA, USOS ALTERNATIVOS?

Não há dúvida de que estamos, nesta década de 1970, em uma nova geração da tecnologia das comunicações nem de que grande parte dela está centrada em novas formas de televisão. Ao mesmo tempo, estamos em uma situação bem controversa e confusa acerca das instituições e dos processos sociais de todas as comunicações. Ainda não terminaram a luta e a discussão acerca das instituições e do controle de radiodifusão sonora e visual. Esse embate, bastante claro para duas gerações, refere-se ao conflito entre instituições e políticas de "serviços públicos" e "comerciais". Seria um grande erro supor que esse conflito acabou. Na verdade, os sinais são de que ele está entrando em uma das fases mais agudas e difíceis. Ao mesmo tempo, o desenvolvimento real e potencial de novos tipos de tecnologia está alterando alguns dos termos desse conflito de longa data e pode, se não tomarmos cuidado, simplesmente confundi-lo. Por outro lado, alguns dos novos desenvolvimentos técnicos parecem abrir caminho para instituições de natureza radicalmente diferente daquelas da radiodifusão atual, de "serviços públicos" ou "comerciais"; de fato, em alguns casos, de um tipo mesmo diferente de radiodifusão.

Temos, então, que tentar elucidar, em primeiro lugar, essa nova tecnologia e, em segundo lugar, os efeitos que ela pode ter sobre as instituições, as políticas e os usos da televisão. Mas temos de fazer isso lembrando que a tecnologia não determinará os efeitos. Pelo contrário, a nova tecnologia em si é produto de determinado sistema social e será desenvolvida como um processo aparentemente autônomo de inovação apenas na medida em que não identificarmos nem desafiarmos os verdadeiros agentes que atuam sobre ela. Mas não é só questão de identificação e defesa. Existem fatores contraditórios, no desenvolvimento social como um todo, que podem tornar possível o uso de algumas ou de todas as novas tecnologias para fins muito diferentes da ordem social existente: por

146 TELEVISÃO

certo, localmente e, talvez, também de maneira mais geral. As escolhas e os usos realmente feitos serão, em todo caso, parte de um processo mais geral de desenvolvimento, crescimento e lutas sociais.

A. TECNOLOGIA EM DESENVOLVIMENTO

I. Haverá desenvolvimento contínuo dentro dos sistemas de televisão existentes. Como na indústria capitalista em geral, há uma constante pressão interna para a concepção de novas formas das máquinas já existentes – os "bens duráveis", como são descritos, com ironia involuntária. Por definição, esses bens devem ser atraentes ou produzidos para parecer atraentes aos consumidores, de forma que uma nova onda de demanda possa sempre ser gerada[1]. A televisão em cores foi a última dessas inovações e tem ainda um caminho pela frente. O aparelho de televisão portátil é da mesma época e será extensamente desenvolvido. Microrreceptores já estão sendo oferecidos. Mas o grande desenvolvimento do fim da década de 1970 pode muito bem vir a ser a televisão de tela grande: primeiro a tela de 84 polegadas, que já está em desenvolvimento; depois, a TV de tela plana. Essa tecnologia possui uma continuidade direta em relação a seus predecessores imediatos em aparelhos de som e vídeo e, até mesmo por conta própria, tem boa chance de corrigir algumas das falhas de recepção da televisão doméstica,

---

[1] A tecnologia dos equipamentos de recepção obviamente não evoluiu tão rápido como previsto aqui. As pretendidas TVs portáteis (e não apenas transportáveis) enfrentaram problemas de duração da bateria e provavelmente não serão produzidas em grande escala até que a tecnologia de cristal líquido se desenvolva muito mais adiante. Nos últimos anos deste século, a atenção está voltada para a televisão de alta definição, com telas acima de 48 polegadas, com a promessa do receptor de tela plana ainda nos acenando a distância. (N. E. W.) [Após esse período mais lento de avanço tecnológico na década de 1980, identificado por Ederyn Williams, presenciamos uma série de inovações acerca da transmissão e da recepção televisivas, hoje, já em alta definição, mesmo para a chamada TV aberta (*broadcast*). Aparelhos com tela plana e de cristal líquido, led ou plasma, com dimensão acima das 48 polegadas, são produzidos em escala comercial. Se a televisão portátil de fato não se tornou uma tecnologia cotidiana, a programação pode ser acessada nos dias atuais por *notebooks*, *tablets* e *smartphones*, conectados à internet. As redes televisivas e os canais a cabo e por satélite mantêm parte significativa de sua programação acessível também on-line e sob demanda. O serviço de *streaming*, como o oferecido pelo Netflix, também proporcionou outra forma de distribuição televisiva, permitindo que séries, documentários e filmes de ficção estejam a todo tempo disponíveis e sejam assistidos pela internet. – N. T.]

com a vantagem particular de que serviria também diretamente à transmissão do atual sistema de televisão dominante, em uma aliança óbvia (já totalmente formal, em alguns casos) dos interesses sociais e econômicos existentes.

II. A distribuição da televisão por cabo, no entanto, tem possibilidade de atrair ainda mais atenção. Começou como uma forma de remediar as imperfeições da radiodifusão geral: para levar sinais a áreas inacessíveis ou difíceis de alcançar e para melhorar os sinais existentes. A distribuição por cabo já se difundiu e está se desenvolvendo rapidamente na América do Norte. Na Grã-Bretanha, estima-se atualmente que 30% da população terá acesso à TV a cabo na década de 1980; na América do Norte, ela será quase universalmente disponível bem antes disso[2]. A distribuição por cabo em si é simplesmente um auxiliar da transmissão: as centrais recebem sinais de uma televisão normal, filtram-na, amplificam-na e a retransmitem. Mas duas novidades já estão em andamento. Em primeiro lugar, um sistema de distribuição por cabo pode tornar-se um serviço de radiodifusão independente: já existem muitos exemplos na América do Norte e alguns experimentos na Grã-Bretanha. Em segundo lugar, um sistema de distribuição por cabo pode ser vinculado, através de computadores, a uma gama de serviços. Estes incluem, como prováveis desenvolvimentos para agora e ao longo[3] das décadas de 1970 e 1980:

---

[2]   A TV a cabo agora alcança mais de 80% dos lares nos Estados Unidos, com mais de 50% de assinaturas, e é igualmente comum no Canadá, na Bélgica e na Holanda. Na Grã-Bretanha, o progresso tem sido muito mais lento, dificultado pela necessidade de um elevado investimento de capital e por uma programação apenas marginalmente mais atraente. Em 1989, menos de 500 mil lares assinavam esse tipo de serviço. (N. E. W.) [O sistema a cabo é ainda popular nesses países e, hoje, divide o mercado de assinaturas televisivas sobretudo com as tecnologias via satélite e de distribuição de sinais multiponto multicanais, que se utiliza de faixa de micro-ondas. O Brasil possui, segundo dados da Agência Nacional de Telecomunicações (Anatel), aproximadamente 16 milhões de assinaturas de TV nessas diversas modalidades (disponível em: <sistemas.anatel.gov.br/satva/hotsites/conheca_brasil_satva/default.asp>; acesso em: 12 jun. 2016). No entanto, a emergência de serviços de *streaming*, como o já mencionado Netflix, que chegou ao país em 2011, deverá alcançar nos próximos anos um número cada vez mais significativo de assinantes. No Brasil, o Netflix já possui mais de 2 milhões de assinantes; nos Estados Unidos, mais de 40 milhões, concorrendo ativamente com as outras formas de TV por assinatura. – N. T.]

[3]   Na prática, o cabo interativo não teve aceitação comercial em esquemas pioneiros, como o Qube da Warner-Amex, encerrando as atividades no início da década de 1980. Isso será mais promessa do que realidade até aproximadamente o ano 2000, quando a fibra ótica

a) serviços via cabo de notícias, clima e tráfego;

b) serviços de compras, integrados ao sistema telefônico, em que as mercadorias possam ser vistas e encomendadas;

c) programas educativos de todos os tipos;

d) serviços de informação "sob demanda" em bibliotecas e bancos de memória;

e) filmes, programas de televisão e outros "sob demanda", pedidos a partir de um catálogo;

f) reprodução por "telefax" ou "fac-símile" de jornais, revistas e outros materiais impressos;

g) serviços de consulta médica;

h) reuniões, debates, conferências e votações públicas.

Nenhum desses usos ou desses usos previstos apresenta qualquer grande problema técnico, mas há disputas pela capacidade de carga de vários sistemas de cabo, e essa questão pode se tornar crítica à medida que a diversidade dos serviços aumente, especialmente a dos serviços "sob demanda". A maioria dos sistemas em operação possui uma capacidade de doze canais; alguns, de vinte canais. Um sistema de quarenta canais está em desenvolvimento[4]. Muitas das decisões importantes sobre a capacidade do equipamento de canais serão tomadas em relação direta com os usos previstos, e esses, por sua vez, estarão diretamente relacionados aos tipos de instituição que os controlarem e dirigirem. Há também uma controvérsia importante sobre os custos relativos da transmissão via satélite e a cabo para diferentes tipos de comunidades, e isso depende muito estreitamente de soluções institucionais. Enquanto isso, um método alternativo de distribuição de curto alcance, por sistemas semelhantes ao laser, já está em fase inicial de desenvolvimento[5].

---

será suficientemente barata para chegar às casas. Infelizmente, isso significa que o cabo continua a ser principalmente uma fonte de programação de entretenimento e não possui vantagens significativas sobre a transmissão por satélite. (N. E. W.)

[4] Hoje, os sistemas recém-desenvolvidos possuem normalmente entre cinquenta e cem canais. (N. E. W.) [Nos dias atuais, esse número praticamente dobrou. – N. T.]

[5] A distribuição da televisão por micro-ondas é agora a tecnologia preferencial, embora não seja amplamente permitida na Europa e tenha sido suplantada pelo cabo nos Estados Unidos. (N. E. W.) [No Brasil, o serviço de TV por assinatura que lidera hoje o mercado é o de distribuição de sinais por satélite, seguido respectivamente pela TV a cabo e pela tecnologia de micro-ondas. – N. T.]

III. Certamente se desenvolverá um complexo relacionado aos sistemas de informação visual[6]. Esses sistemas incluem o telefone visual – já operando em sistemas de conferência – e uma variedade de dispositivos domésticos, desde leitores de medição e alarmes de segurança comandados a distância a sistemas desenvolvidos de circuito fechado de televisão, dentro e entre casas individuais. Eles são relevantes na medida em que alguns podem afetar o *design* dos aparelhos receptores.

IV. Durante a década de 1960, desenvolveu-se um amplo sistema de comunicação por satélite espacial e estações terrestres, que inclui a televisão[7]. Grande parte da capacidade existente é usada para fins de telefonia, como "transportador comum", mas há um desenvolvimento considerável da televisão por satélite, para a retransmissão de eventos e programas específicos e como meio de um serviço especial (já em curso na Índia e na América Latina). Futuramente, o desenvolvimento normal poderá se dar através de estações terrestres que, ao receber e, em seguida, distribuir sinais, terão condições de selecionar o que transmitir dentro das áreas que cobrem. Estima-se que, em meados da década de 1970, será tecnicamente possível, apesar de caro, transmitir diretamente para os televisores domésticos de tela aumentada. Protótipos já existem, inclusive na Grã-Bretanha. A transmissão para televisores domésticos de tela menor não deve acontecer antes de meados da década de 1980. Mas tecnicamente ambas serão possíveis, com efeitos extraordinários em todos os sistemas locais e nacionais existentes, sempre sujeitos a decisões políticas. Um desenvolvimento

---

[6]   Todos esses desenvolvimentos parecem tão distantes em 1990 como eram em 1974. O video-telefone, particularmente, é um desenvolvimento muito caro que parece não atrair potenciais usuários. (N. E. W.) [A comunicação cotidiana audiovisual tornou-se realidade com *smartphones* e *tablets*, que, por meio da conexão com a internet e de aplicativos, realizaram, a seu modo, a proposta da videotelefonia. – N. T.]

[7]   Tudo isso aconteceu quase exatamente da forma prevista. Nos Estados Unidos, a transmissão via satélite das estações terrestres para as instalações centrais de TV a cabo começou em 1974, com a WTBS de Atlanta, e desde então tem havido um crescimento desses canais. Hoje, há mais de quarenta deles nos Estados Unidos e mais uma dúzia na Europa. Enquanto esses canais, transmitidos por satélites de baixa potência, exigem, para recepção, antenas de aproximadamente um metro, caras para a maioria dos lares, entramos agora na era dos satélites de alta potência, que emitem feixes de sinais suficientemente fortes para ser recebidos em antenas de não mais do que trinta centímetros de diâmetro. As questões políticas e culturais ainda estão sendo discutidas. (N. E. W.)

muito provável é a ligação da televisão via satélite, através de estações terrestres, a sistemas de cabos. Isso pode muito bem vir a ser o surgimento das primeiras corporações televisivas "multinacionais" – mais estritamente, "paranacionais".

V. A distribuição e a produção de videocassetes já estão em curso. Nas primeiras fases, as fitas de videocassete terão uma relação com a transmissão televisiva igual à que os discos tiveram com os concertos e o rádio. Mas, como o mercado está expandido, parece certo que haverá, além das formas mais baratas de gravação de programas de televisão já transmitidos, uma produção específica para videocassete. Haverá uma alternativa, aqui, entre a produção de fitas e serviços a cabo sob demanda a partir de um catálogo. Enquanto isso, projetores domésticos de fitas ou cartuchos de filme estão sendo intensamente desenvolvidos.

VI. Equipamentos de gravação de fitas de vídeo de custo relativamente baixo já chegaram e estão começando a ser muito utilizados para um tipo diferente de produção televisiva, em experimentos de comunidades e empreendimentos culturais radicais. Tecnicamente, esses usos poderiam ser rapidamente estendidos, mas em geral têm servido a um conjunto de interesses completamente diferentes dos da produção cinematográfica, da televisão via satélite e das fitas de videocassete. No entanto, existem relações interessantes e praticáveis com certos usos da televisão a cabo, especialmente em emissoras comunitárias independentes.

VII. Talvez os mais revolucionários desenvolvimentos técnicos estejam no segmento da televisão interativa. Já é possível, em alguns sistemas a cabo, responder aos programas de forma predeterminada: escolhendo um item exibido em uma loja ou em uma propaganda, por exemplo[8]. Já existem planos nos

---

[8] A resposta instantânea do público a programas é agora bastante comum nos Estados Unidos, com a reação sendo medida por cabo interativo ou, mais frequentemente, por telefone, com equipamento automático que registra os votos. Isso tende a ser utilizado como entretenimento. O exemplo mais famoso foi aquele de *Larry, a lagosta*, em que se perguntou sobre o destino do crustáceo, se ele deveria ser fervido ou salvo, estimulando mais de 500 mil votos por telefone (ele foi salvo por uma pequena margem). (N. E. W.) [A interatividade é, hoje, uma questão crucial para o meio, tornando-se uma importante economia, seja em serviços sob demanda, como na TV a cabo, seja na articulação lúdica com a internet. Nesse último caso, por exemplo, propagam-se estratégias transmídias em que as narrativas televisivas, principalmente da ficção e do *reality show*, desdobram-se em diversas plataformas, demandando a participação da audiência, que cria comunidades de fãs nas redes, forma grupos que interagem, a partir de estímulos, com séries televisivas e fazem escolhas acerca de participantes de programas como *Big Brother* e *The Voice*, entre outras ações e reações. – N. T.]

Estados Unidos para captar a reação instantânea de audiência em programas que estão sendo transmitidos; sugeriu-se até que, em determinado momento de uma peça, os espectadores pudessem escolher, por maioria de votos, se ela deve ter um final "triste" ou "feliz". De todo modo, a medição de audiência irá se tornar um procedimento mais preciso e praticamente instantâneo, por meio do uso da tecnologia reativa agora disponível. É claro que o uso de um equipamento reativo, acionado por um botão, pode permitir muitos tipos de escolha com rapidez e precisão; esse seria, por exemplo, um procedimento de votação perfeitamente possível, com as determinadas salvaguardas já tecnicamente disponíveis.

Temos de distinguir entre a tecnologia reativa e a interativa. Quase todo o equipamento desenvolvido atualmente é reativo; a gama de escolhas, tanto em detalhes como em escopo, está previamente configurada. Isso será, sem dúvida, utilizado de forma muito ampla.

Uma televisão mais genuinamente interativa dependeria de sistemas a cabo associados a equipamentos especiais. Mas há uma área da tecnologia em desenvolvimento que permite algo entre reação preestabelecida e interação completa[9]. Esse é o desenvolvimento de uma possibilidade técnica já utilizada para aumentar a capacidade de canais. Entre os sinais normais de televisão, há uma lacuna normalmente invisível e inaudível. Um adaptador acoplado a um aparelho comum pode receber informação ou outro programa transmitido durante essas lacunas de sinal de um programa comum; o programa subliminar pode, então, ser reproduzido sozinho. Nos Estados Unidos, continuam os esforços para desenvolver equipamentos que permitam a utilização dessa lacuna de sinal para reação/interação, sobretudo em programas educativos (naturalmente, haverá muitos programas educativos normais de reação preestabelecida, do tipo "máquina de ensino").

---

[9] Essa tecnologia é agora conhecida como teletexto (Oracle e Ceefax), mas está sendo usada mais para notícias do que com fins educativos. (N. E. W.) [Apesar de toda a possibilidade de interação aberta com as mídias sociais, a televisão, *grosso modo*, ainda se relaciona com a audiência a partir de mecanismos reativos. Os aplicativos e outros meios digitais são utilizados, em geral, para votação em programas de competição, com uma gama de escolhas já definida, como nos *reality shows*, ou para o envio de comentários e perguntas que são previamente selecionados antes de divulgados pelos produtores. – N. T.]

152 TELEVISÃO

B. AS INSTITUIÇÕES DA NOVA TECNOLOGIA

Está claro que alguns desses desenvolvimentos técnicos considerados isoladamente, e certamente todos eles tomados em conjunto, surtirão um efeito radical
em todas as instituições da televisão. Podemos examinar primeiro os efeitos de
cada tipo de desenvolvimento, separadamente.

I. *Novos tipos de receptores*: eles fortalecerão principalmente as instituições
existentes de grande rede de televisão que, como no caso da televisão em cores,
sem dúvida, desenvolverão programas para promovê-los e explorá-los. Mas o
custo, especialmente no caso dos aparelhos de tela grande, pode abrir caminho
para outros tipos de instituição, que agora estão pressionando para entrar no
setor. Esses receptores podem ser associados, por exemplo, a sistemas de televisão
por assinatura. Já existe uma empresa americana oferecendo longas-metragens
inéditos por assinatura imediata e direta, e a tela grande seria especialmente
útil para isso[10]. A transmissão monopolista por assinatura de muitos eventos
esportivos nacionais e internacionais é outra probabilidade.

II. *Sistemas a cabo*: esses que, sem dúvida, constituem a primeira área importante de controvérsia, para um número de organizações de diferentes tipos,
estão prontos para usar a tecnologia a cabo a fim de enfraquecer ou até mesmo
quebrar o monopólio relativo das autoridades das grandes redes de televisão.
A ironia é que as companhias de cabo mais bem financiadas oferecem o que é,
essencialmente, uma versão do pior tipo de serviço de radiodifusão. Não é raro
existir um sistema de doze canais a cabo planejado para transmitir apenas filmes
velhos ou velhas séries televisivas de entretenimento. Assim, a escolha oferecida
como um fruto da nova tecnologia é, na verdade, uma escolha somente dentro
dessa dimensão repetitiva. O motivo real é, claro, lucrar com publicidade, mas,
se esse tipo de televisão a cabo capturasse uma parte significativa do dinheiro da
publicidade, os fundos disponíveis para a produção dentro do sistema existente
seriam consideravelmente reduzidos. É improvável, tendo em conta os custos de

---

[10] A Home Box Office (HBO) é agora líder nos Estados Unidos em serviços de assinatura de
filmes, com cerca de 20 milhões de assinantes, enquanto a maioria dos grandes combates de
boxe foi para o *Pay Per View*, como previsto. (N. E. W.) [A HBO lançou nos Estados Unidos,
em 2015, sua plataforma on-line, *HBO Go*, para concorrer com o Netflix no serviço emergente
de *streaming*. Continua, contudo, sendo um importante canal, tendo produzido, neste início
de século, muitas séries de ficção bem-sucedidas comercialmente. – N. T.]

instalação de cabos, que haja muita concorrência entre esses sistemas, mesmo em grandes cidades. Além disso, sistemas de cabos comerciais se concentrariam nas cidades e nas áreas de população densa. A redução dos fundos disponíveis para a radiodifusão comum, portanto, poderia levar a uma inversão de alguns dos benefícios sociais reais de um serviço de radiodifusão. Além do mais, mesmo dentro das cidades, a TV a cabo seria seletiva por renda. Uma análise da Mitre Corporation[11] mostrou que o lucro máximo seria obtido com cerca de 50% de cobertura, enquanto um estudo da Rand Corporation[12] apontou um alto lucro em 40% de cobertura, a uma taxa relativamente elevada por assinatura, e previu que, diminuindo o valor da assinatura, mesmo com o aumento da cobertura, a taxa de lucro seria reduzida[13]. Devido a essa característica de anunciar em busca de espectadores relativamente abastados, um sistema comercial a cabo não forneceria, de fato, um serviço à comunidade, embora pudesse haver, em geral, algum tempo reservado para informações locais e serviços, como forma de ganhar prestígio ou aprovação. Em vez disso, o sistema pode se apropriar de uma parte significativa do serviço de entretenimento de televisão geral, com efeitos radicais sobre a radiodifusão geral. No sistema britânico, em que o serviço público de televisão é financiado por taxas de licença, é fácil imaginar a criação de uma campanha contra as licenças quando muitos espectadores puderem obter grande parte da programação de televisão por meio de um serviço financiado por publicidade ou de um serviço assinado pelo preço semelhante ao da taxa de licença.

Por todas essas razões, o atual serviço de radiodifusão é hostil à televisão a cabo, e a situação social real é, então, profundamente contraditória e paradoxal. Pois um tipo diferente de sistemas a cabo, genuinamente gerido por e para as comunidades locais, com acesso a uma gama completa de programas públicos para os quais os recursos necessários foram especificamente fornecidos, poderia realmente democratizar a transmissão. Esse argumento pela democracia, pelas

---

[11] William F. Mason (org.), *Urban Cable Systems* (Washington D. C., Mitre Corporation, 1971).

[12] Ver Leland Johnson et al., *Cable Communications in the Dayton Miami Valley* (Santa Monica, Rand Corporation, 1972). Disponível em: <http://www.rand.org/pubs/reports/R943.html>; acesso em: 14 jun. 2016.

[13] Reconhecendo esse problema, os órgãos governamentais dos Estados Unidos e do Reino Unido, quando concederam franquias, insistiram na cobertura de 100% das áreas densamente povoadas, embora não tenham sido capazes de estabelecer um regime de preços que incentivasse mais do que 60% dos lares a assinar a TV a cabo. (N. E. W.)

necessidades locais, pela liberdade de recepção e acesso é favorável à televisão a cabo como tecnologia. Seria uma maneira de diminuir o poder das corporações remotas e centralizadas, tipicamente dependentes do grande capital e do controle estatal ou de nomeações feitas pelo Estado. Argumentos semelhantes serão de fato usados, hipocritamente, pelas companhias de cabo existentes e por seus parceiros, pois sistemas controlados localmente são a última coisa que eles querem, e serviço à comunidade, em suas bocas, significa penetração em um mercado consumidor. No entanto, a oposição necessária a esse tipo de desenvolvimento de sistemas a cabo pode muito facilmente virar uma defesa acrítica das grandes corporações de radiodifusão existentes.

Esse problema só pode ser resolvido se percebermos que o sistema a cabo é de fato não mais do que uma tecnologia e que todas as discussões sobre ele dependem de suas instituições altamente variáveis e das relações consequentemente variáveis entre distribuição por cabo e outras formas de produção e serviço. Tudo o que precisa ser enfatizado novamente é que, em seus tipos mais comuns, nas empresas que possuem os recursos financeiros e a tecnologia, a televisão a cabo é uma forma extrema da definição mais antiga de radiodifusão como simples transmissão. O desenvolvimento amplo dela, de acordo com os critérios dessas empresas, prejudicaria gravemente a produção da televisão. No entanto, já somos capazes de ver, a partir de algumas experiências locais publicamente financiadas, que a tecnologia da televisão a cabo poderia alterar todo o processo social e cultural das comunicações televisionadas.

III. *Sistemas de informação visual*: eles certamente serão desenvolvidos, embora, naturalmente, de forma desigual, como serviços de utilidade pública. Mas, se os lucros forem para empresas privadas ou para as agências estatais, novamente haverá algum efeito sobre os recursos disponíveis para qualquer televisão pública ou tipo coordenado de serviço de informação visual que se planeje.

IV. *Comunicações por satélite*: esses sistemas poderiam, potencialmente, ter maior impacto sobre as instituições existentes, porque, em um tipo muito provável de desenvolvimento, eles serão usados para penetrar ou vencer as barreiras dos sistemas existentes de transmissão nacional, em nome do "internacionalismo", mas, na realidade, a serviço de uma ou duas culturas dominantes. Já houve negociações internacionais complicadas e inconclusivas acerca do uso da televisão por satélite. As duas nações que agora poderiam montar um serviço de satélite global são os Estados Unidos e a União Soviética. Elas teriam muito a perder (embora,

TECNOLOGIA ALTERNATIVA, USOS ALTERNATIVOS? 155

tentadoramente, também muito a ganhar) com um sistema de televisão em que cada uma pudesse transmitir no território da outra. Há sinais de que esses dois países vão chegar a um acordo para que os respectivos territórios fiquem protegidos, mas ainda há o problema referente ao resto do mundo. É provável que se chegue a um acordo em que, no direito internacional, o conceito de soberania nacional inclua a prerrogativa de recusar sinais transmitidos por satélites. Existem, afinal, meios simples e práticos de controle, para seleção e censura, que serão ainda eficazes por pelo menos uma década, período em que a recepção dependerá principalmente de estações terrestres. De maneira alternativa, como propõe o projeto da União Europeia de Radiodifusão, o satélite poderia ter doze canais de transmissão de feixe estreito, que, em circunstâncias geográficas favoráveis, alcançariam apenas territórios de Estados-nações específicos.

Quando os receptores domésticos de satélite se tornarem mais acessíveis, o conflito ficará mais aberto. Uma sensibilidade maior nos receptores ou, o mais provável, uma capacidade maior de transmissão via satélite (embora a potência tenha que ser dez vezes maior, o que significa um longo caminho ainda pela frente) poderia permitir às pessoas receber sinais saídos de muito além de suas fronteiras. As nações menores teriam de proibir tais receptores ou aceitar o que será chamado de "céu aberto". Mas, mesmo antes disso, em muitos países pobres e em muitos de médio porte, onde, em diferentes graus, os custos de um serviço de televisão nacional independente já apresentam sérios problemas, haverá forte pressão para aceitar o que parecerá um maná. Em países capitalistas, especialmente, e no terceiro mundo, serviços aparentemente nacionais ou locais, muitas vezes financiados por corporações paranacionais, poderiam ser configurados, utilizando-se as próprias estações terrestres e sistemas a cabo ou os próprios receptores de satélite, para oferecer televisão comparativamente mais barata, originada quase inteiramente de fora do país. Isso teria efeitos políticos e culturais importantes, como já acontece no caso de *dumping* de seriados velhos ou na promoção feita pelas corporações norte-americanas para a entrada dos seriados atuais. Já muitas sociedades menores, especialmente aquelas que fazem fronteira com as sociedades maiores, são impotentes para resistir à entrada técnica da radiodifusão. A principal motivação da operação, assim como agora, seria a penetração da publicidade corporativa paranacional. Os lucros disso seriam o fator que tornaria o serviço mais barato no nível local, e, no decorrer do tempo, ele poderia se tornar muito favoravelmente competitivo em relação a todos os sistemas nacionais independentes.

Aqui, novamente, existe um paradoxo. Um serviço de televisão mundial, com céu verdadeiramente aberto, seria um ganho enorme para os povos do mundo, como o foi claramente o rádio de ondas curtas, que ignorou os controles nacionais. Contra a retórica da política do "céu aberto", que, na verdade, dados os custos e a sofisticação da tecnologia de satélite, seria monopolizada por algumas grandes corporações e governos autoritários, soaria estranho e reacionário defender a autonomia nacional. Mas os prováveis usuários da tecnologia não são internacionalistas, no sentido de qualquer mutualidade significativa. Os componentes nacionais ou locais teriam apenas a função de promover positivamente o serviço e ganhar consentimento: mera formalidade. Na maioria dos países, se esses sistemas assumissem o comando, a produção independente se tornaria muito difícil ou impossível. A maioria dos habitantes da aldeia global não poderia dizer nada, nesses novos termos, enquanto algumas corporações e alguns governos poderosos e as pessoas que eles poderiam contratar falariam de formas nunca antes conhecidas pela maioria dos povos do mundo.

Ainda temos algum tempo até que essa situação se torne crítica. Os principais problemas surgirão na década de 1980. Mas as negociações internacionais conduzidas até agora foram inexpressivas. Um órgão de supervisão internacional, que poderia não só proteger os interesses de todas as nações, mas também ativamente promover intercâmbio internacional genuíno, está até agora bloqueado pelo relativo monopólio da tecnologia de satélite e a consequente demanda por um sistema de votação ponderada. No entanto, a formação desse órgão continua a ser uma necessidade urgente.

V. *Videocassetes*: no início da década de 1970, os videocassetes estão sendo vendidos principalmente para as instituições; um novo ramo geral do mercado está agora prestes a se abrir. Em seus estágios iniciais, não afetará muito as instituições existentes; servirá como um complemento doméstico, que muita gente achará útil. Por trás dessa inocente fachada, já ocorrem desenvolvimentos mais importantes. Vínculos se estabelem entre empresas de produção televisiva, editoras e fabricantes de videocassetes. Poderia surgir uma situação em que, com o acesso a material de reserva e com o monopólio técnico de contratos educacionais, um novo centro de produção e distribuição adquirisse importância internacional. Alguns desses movimentos financeiros têm como objetivo driblar sistemas de televisão e as regulações nacionais existentes para criar, dentro desses termos de monopólio, um mercado internacional de videoconsumidores. A ironia é que, novamente, o videocassete, como tecnologia, oferece oportunidades de um tipo completamente diferente não só para uso individual – ver um programa quando quiser, ter uma videoteca privada –, mas também para o aparecimento de novas "editoras". Estas seriam pequenas produtoras independentes, oferecendo programas de videocassete de forma semelhante à publicação do livro antes das tendências monopolistas da década de 1960. A tecnologia poderia ainda favorecer o surgimento de empresas maiores de produção pública e semipública, oferecendo um serviço de "biblioteca pública" para fitas de vídeo. Mas, como em todas as outras fases do desenvolvimento atual da nova tecnologia, os interesses (frequentemente protegidos por patentes) daqueles que estão agora no comando indicam fins bem diferentes.

VI. *Equipamentos de videoteipe*: serão comercializados como linha doméstica secundária (embora para pessoas mais favorecidas economicamente), mas oferecem oportunidades extraordinárias para o desenvolvimento de comunidades independentes e da televisão educativa. A maior parte da centralização da transmissão surgiu dos elevados custos de capital. Já existem exemplos suficientes de experiências bem-sucedidas de experimentos locais em produção de vídeo para nos encorajar a acreditar que a disponibilidade desse equipamento pode trazer uma contribuição significativa para a televisão genuinamente popular. No entanto, isso vai ter que existir e sobreviver em um mundo em que todas as outras tendências técnicas estão na direção contrária; logo, não é somente questão de custos, mas também de efeito dos modelos e das expectativas disponíveis naquilo que as pessoas produzem para elas mesmas.

VII. *Dispositivos reativos e interativos*: aqui pode haver, com clareza, efeitos acentuadamente alternativos nas instituições. A tecnologia tem possibilidades evidentes para informação e política comunitárias, notavelmente para determinados tipos de educação. O uso principal que será financiado, no entanto, a menos que alguma mudança política ocorra muito rapidamente, será comercial. As agências de publicidade já estão muito envolvidas com as técnicas e as possibilidades desses dispositivos. O que importa, aqui, é como os consoles necessários estão sendo desenhados e como os computadores serão controlados e programados. A maioria dos sinais agora é de que a definição efetiva tratará as pessoas como consumidores reativos.

Qualquer um dos desenvolvimentos observados, por si só, teria algum efeito mensurável sobre políticas e instituições de televisão existentes. Cabo, satélites e videocassetes provocarão os efeitos principais. Mas somente quando os consideramos em combinação é que temos alguma noção da verdadeira dimensão do problema. Considere, por exemplo, a combinação de um serviço via satélite, a cabo e de videocassete, ou de um serviço de satélite de espectro abrangente com receptores maiores. Ele seria paranacional, financiado pela publicidade corporativa paranacional, com sistemas de distribuição por cabo ou fabricantes subsidiários em muitos países. Esse serviço iria gerir fundos o suficiente para deixar outros serviços de fora da competição e, assim, controlar o entretenimento mais geral, incluindo material de reserva, muitos serviços de notícias internacionais e quase todos os esportes internacionais, que estariam unidos por contratos monopolistas de patrocínio. Poderia haver dois ou três monopólios concorrentes nessa escala gigantesca, apesar de existirem fortes razões para acreditar que isso não ocorrerá, devido aos altos custos dos satélites e ao relativo monopólio dos sistemas de estações terrestres e de distribuição por cabo. Haveria escolha dentro de um sistema como esse, mas escolha em seus próprios termos. É claro que é perfeitamente possível – na verdade, já existem sinais disso nos Estados Unidos – que, com a televisão majoritária tratada dessa forma, sistemas marginais cresçam: um serviço educativo limitado, serviços "culturais" nacionais limitados, um *underground* cultural utilizando o próprio equipamento de vídeo. O sistema principal seria tão dominante que os governos poderiam ser forçados a "resgatar" algumas coisas dele: programas de educação ou para minorias – um serviço no nível de algumas universidades, galerias ou museus financiados publicamente. Desprezando o sistema, os radicais políticos e culturais desenvolveriam a própria comunidade local e alternativas culturais. Essas exceções seriam muito melhores do que nada. Mas as definições sociais e culturais do melhor da radiodifusão teriam sido decisivamente deixadas para trás.

C. USOS ALTERNATIVOS

Devemos sempre nos lembrar que o pleno desenvolvimento da nova tecnologia de vídeo levará cerca de vinte anos: digamos, entre agora e 1990[14]. Por essa razão,

---

[14] O ritmo de mudança técnica foi ligeiramente mais lento do que o previsto em 1974. Assim, ainda estamos na última parte do período de tomada de decisão política, mas muitas batalhas decisivas já foram ganhas e perdidas. (N. E. W.)

algumas pessoas, especialmente entre as autoridades estabelecidas, conseguem ficar tranquilas quanto a isso: os problemas serão resolvidos ao longo do caminho; nada de sofrer por antecipação. Mas isso está errado mediante dois pontos principais. Primeiro, alguns dos problemas mais graves surgirão nos próximos anos, notadamente em relação às políticas para a televisão a cabo. Segundo, a história das instituições de radiodifusão mostra muito claramente que as instituições e as políticas sociais que se estabelecem em um estágio formativo e inovador – muitas vezes de forma *ad hoc* e fragmentada, em uma área confusa e aparentemente marginal – têm uma persistência extraordinária em períodos posteriores, apenas porque acumulam técnicas, experiências, capital ou o que venha a parecer direitos prescritivos. O período de decisão social, portanto, tem de começar agora.

Esse é especialmente o caso da Grã-Bretanha, onde as concessões existentes da radiodifusão dominante terão de ser renovadas ou revistas dentro dos próximos dois ou três anos. Nos Estados Unidos, a crise da televisão pública requer, da mesma forma, decisões e campanhas imediatas. E desde que, nesse prazo exato, algumas das principais decisões sobre o cabo e o satélite terão que ser tomadas – nos Estados Unidos, pela Comissão Federal de Comunicações; na Grã-Bretanha, pelo ministro e pelos Correios –, nunca houve (e é improvável que, no futuro, exista) momento mais apropriado para uma reconstrução geral das políticas de comunicação.

A política que envolve essas decisões será excepcionalmente complicada. Argumentarão amplamente que a velha escolha entre serviço "público" e "comercial" de radiodifusão está agora ultrapassada em face da nova tecnologia e que podemos nos mover para além de ambos em direção aos serviços comunitários. Isso é verdadeiro em alguma medida, mas a expressão "serviço comunitário", nesse debate confuso, quando examinada atentamente, pode significar coisas radicalmente diferentes, e a opção entre essas posições pode continuar mais bem expressa pela escolha entre o serviço público e o desenvolvimento comercial. No entanto, se, no decurso da discussão, pudermos fazer uma distinção adicional entre "serviço público", de um tipo tradicional, controlado por autoridades centrais nomeadas, e um novo tipo de "serviço público", controlado democraticamente pelas comunidades locais e por aqueles que trabalham nas instituições, uma nova gama de possibilidades sociais terá sido aberta. E pode-se mesmo chegar à conclusão de que as instituições de serviço público só serão salvas de sua provável derrota ou da absorção por novas instituições comerciais internacionais se forem transformadas em empresas totalmente democráticas e experimentais.

As autoridades responsáveis pela programação central e pelas redes vão continuar atuando ainda por muitos anos. Elas devem se manter como (ou se tornar) autoridades públicas, expressando o conceito das ondas de rádio como propriedade pública. Mas seria sensato olhar novamente para a questão que não foi resolvida desde os primeiros dias da radiodifusão: a relação entre a produção e a transmissão. Em todos os sistemas atuais, pouquíssimas pessoas tomam as principais decisões sobre a produção. A necessidade real é por mais produtoras independentes, que seriam regidas por contratos publicamente protegidos com as autoridades de programação e de rede. Não seria um sistema fácil de elaborar e administrar, mas é o único curso social criativo para tomar entre os monopólios existentes e os novos adversários. Além disso, oferece um modelo para a solução do problema das instituições de televisão a cabo. Em um nível nacional, as instalações de um sistema a cabo devem ser concebidas, a exemplo das ondas de rádio, como propriedade pública, e a operação dessas instalações, por qualquer grupo que receba a concessão, deve ser parte do sistema de contratos publicamente protegidos entre os operadores de cabo e as empresas de produção. Em muitos casos, pode haver laços permanentes, em comunidades particulares, entre as companhias de cabo locais de propriedade pública e empresas de produção: bases locais reais de onde algum material passaria a uma ou outra rede. Ao mesmo tempo, seria necessário que existissem algumas empresas de produção nacional especializada: provedores alternativos de notícias nacionais e internacionais e programas de questões públicas; organizações educativas e artísticas; um serviço central de informação e de videoteca. Essas empresas seriam necessárias para acompanhar, na política da TV a cabo, a ênfase em emissoras comunitárias. A ênfase comunitária é uma diretriz tão correta, em seus próprios termos, e poderia contribuir de forma tão notável para resolver os problemas do fluxo das informações urbanas, da discussão e da tomada de decisões democráticas e da identidade comunitária que é fácil ignorar uma dimensão maior que inevitavelmente está lá – a nação e o mundo, com que a comunidade está inevitavelmente envolvida. Os serviços de apoio nacionais e internacionais protegeriam a televisão comunitária de seu maior perigo: que o legítimo sentido de localidade deixe uma lacuna a ser explorada por outras instituições totalmente irresponsáveis.

Então, devemos mais uma vez salientar os problemas políticos. Em primeiro lugar, "comunidade" é uma palavra que será explorada pelos operadores comerciais e pelos inimigos políticos das autoridades de programação e rede, agora parcialmente independentes. Mas uma comunidade é também um fato social real: não é uma noção idealizada, mas um sistema social que contém desigualdades radicais e conflitos de interesse. A julgar pela experiência anterior, nada será mais fácil para os operadores comerciais nacionais e internacionais do que recrutar representantes da comunidade local. Eu digo "recrutar", mas os termos verdadeiros são "comprar" ou "alugar". A comunidade será tratada como "concessionária", "loja de varejo" ou "agência autorizada", como existem agora as da Toyota ou da Esso. Novamente, a menos que isso seja estritamente impedido, as emissoras "comunitárias" serão meras fachadas para as redes irresponsáveis que têm centros reais em outro lugar. Não há solução para esse problema, a não ser tornar a propriedade e o controle das comunicações locais sujeitas a um processo local aberto e democrático, com disposições específicas contra consultorias, financiamentos e pagamentos de salário vindos de organismos comerciais externos. A luta política para alcançar esse objetivo será longa e amarga, mas é melhor enfrentá-la do que ser iludido pela versão que as relações públicas possuem de "comunidade local", que os grandes interesses capitalistas já estão colocando em circulação.

O mesmo ponto se aplica quando a "comunidade local" é ainda pensada como o Estado nacional independente. No terceiro mundo, mas também muito claramente até mesmo na Europa ocidental, apesar de todos os orgulhos nacionais residuais, a situação política real já é a de que muitas das chamadas agências nacionais são na verdade ou de fato filiais de empresas capitalistas internacionais. Empresas norte-americanas, especialmente, têm sido habilidosas e persistentes nesses tipos de penetração e de contratação, e nunca faltam pessoas locais, cidadãos locais, que apoiem essas incursões ou desejem ser contratados. Uma vez que esse processo se estende, no todo ou em parte, aos governos e aos partidos políticos, pode-se ver que não é suficiente fazer simples apelos às autoridades nacionais para agir a favor do interesse público. Pelo contrário, apenas organizações democráticas independentes – que se dedicam exatamente a esse tipo de luta em um campo muito vasto – podem honestamente se envolver com os problemas. Para isso, elas precisam de informação, publicidade, campanha sustentada – muito disso necessariamente em áreas e canais que estão em disputa e onde, em muitos casos, inimigos contratados já estão firmemente estabelecidos. A batalha pela livre comunicação é, então, necessariamente parte de uma luta social muito mais ampla, mas isso não é motivo para abster-se de lutar, de fazer propostas e contrapropostas, acerca de cada uma das questões, conforme elas surjam.

Elaborar uma legislação sobre agências estrangeiras, em todo o campo da comunicação, é um objetivo necessário e urgente. O que já é uma situação grave se tornará praticamente irreversível na década de 1980, a menos que sejam tomadas medidas muito drásticas. Em outra dimensão, deve haver uma pressão contínua para acordos internacionais adequados sobre a televisão por satélite, recusando-se particularmente todos os organismos de controle com votação ponderada, uma vez que esses, na prática, significariam o controle desses sistemas pelas superpotências. Pode parecer que as nações menores têm pouco poder de negociação, mas enquanto elas mantêm o controle sobre as estações terrestres e sobre a radiodifusão e sistemas de distribuição a cabo estrangeiros ou contratados por estrangeiros, elas estão de fato em uma posição firme. A atitude positiva nessas negociações pode, então, ser a de instituir sistemas de televisão internacionais e transnacionais sob a supervisão de agências internacionais democráticas.

Tudo isso leva tempo e demanda esforço prolongado. A luta vai chegar a todos os cantos da sociedade. Mas isso é precisamente o que está em jogo: uma nova acessibilidade universal. Em um amplo gradiente, que vai da televisão geral, passando pela publicidade comercial, até os sistemas de processamento de dados e informações centralizadas, a tecnologia agora disponível ou que está se tornando acessível pode ser usada para afetar, alterar e, em alguns casos, controlar o processo de toda a nossa vida social. É irônico que os usos ofereçam escolhas sociais tão extremas. Poderíamos ter sistemas de televisão baratos, baseados localmente, mas ainda assim estendidos internacionalmente, que tornariam possíveis a comunicação e a partilha de informações em uma escala que até bem pouco tempo pareceria utópica. Essas são as ferramentas contemporâneas para a longa revolução em direção a uma democracia participativa e instruída e à recuperação de uma comunicação eficaz nas complexas sociedades urbanas e industriais. Mas são também as ferramentas de uma curta e bem-sucedida contrarrevolução, na qual, sob a aparente conversa sobre escolha e concorrência, algumas empresas paranacionais, com seus estados e suas agências auxiliares, poderiam chegar ainda mais longe em nossa vida, em todos os níveis, das notícias aos psicodramas, até que a resposta individual e coletiva para muitos tipos diferentes de experiência e problemas se torne quase limitada à escolha entre possibilidades já programadas.

Há boas razões para acreditar que muitas pessoas vão resistir a esse que seria o pior dos desdobramentos, mas, à medida que aumenta o tamanho das comunidades de tomada de decisão efetiva, e à medida que a dimensão e a complexidade das agências interligadas tornam a identificação e principalmente a luta mais difíceis, não devemos confiar apenas nas virtudes. Nos próximos anos, decisões serão ou deixarão de ser tomadas, determinando, assim, em grande medida, quais dessas estradas possíveis estamos mais propensos a seguir no que resta deste século. Mas, se a ação é necessária agora, as primeiras condições para ela são informação, análise, educação e discussão, às quais ofereço este livro como uma pequena contribuição e, espero, um incentivo.

BIBLIOGRAFIA SELECIONADA

ASHEIM, Lester. *Educational Television, the Next Ten Years*: A Report and Summary of Major Studies on the Problems and Potential of Educational Television. Stanford, Institute for Communication Research at the Stanford University, 1962.

ASSOCIATION OF CINEMATOGRAPH Television and Allied Technicians. *Forty-Eight Times the Usual Junk?* An ACTT Committee Report on Cable Television. Londres, Twentieth Century Press, 1973.

ARONS, Leon; MAY, Mark A. *Television and Human Behaviour*: Tomorrow's Research in Mass Communication. Nova York, Appleton-Century-Crofts, 1963.

BAKEWELL, Joan; GARNHAM, Nicholas. *The New Priesthood*: British Television Today. Londres, Allen Lane, 1970.

BARNOUW, E. A. *History of Broadcasting in the United States*. v. 1: *A Tower in Babel*; v. 2: *The Golden Web*; v. 3: *The Image Empire*. Nova York, Oxford University Press, 1966-1970.

BELSON, William A. *The Impact of Television*: Methods and Findings in Program Research. Hamden, Archon, 1967.

BLACK, Peter. *The Mirror in the Corner*: People's Television. Londres, Hutchinson and Co., 1972.

BLUMLER, Jay G.; McQUAIL, Dennis. *Television in Politics*: Its Uses and Influence. Londres, University of Chicago Press, 1968.

BOGART, Leo. *The Age of Television*: A Study of Viewing Habits and the Impact of Television on American Life. Nova York, Frederick Ungar, 1972.

BRIGGS, Asa. *The Birth of Broadcasting*. Oxford, Oxford University Press, 1961.

BROWN, Les. *Television*: The Business Behind the Box. Nova York, Harcourt, 1971.

COUNCIL, George. *From Circuits to Circus*: Daily TV. Nova York, Herder and Herder, 1970.

DE FOREST, Lee. *Television*: Now and Onwards. Londres, Hutchinson' Scientific & Technical Publications, 1946.

DUBIN, Robert. *The Medium May be Related to the Message*. Eugene, University of Oregon, 1965.

DUNLAP, Orrin E. *Understanding Television*: What it is and How it Works. Nova York, Greenberg, 1948.

DYER, Richard. *Light Entertainment*. Londres, British Film Institute, 1973.

EFRON, Edith. *The News Twisters*. Los Angeles, Nash, 1971.

166   TELEVISÃO

EGUCHI, Hirosuke; ICHINOHE, H. (orgs.). *International Studies in Broadcasting*: With Special Reference to the Japanese Studies. Tóquio/Indiana, NHK Broadcasting Culture Research Institute , 1971.

EMERY, Walter Byron. *National and International Systems of Broadcasting*: Their History, Operation, and Control. East Lansing, Michigan State University Press, 1969.

ETZIONI, Amitai. *Minerva*: A Study in Participatory Technology. Nova Déli, Center for Policy Research, 1972.

EVERSON, George. *The Story of Television*: The Life of Philo T. Farnsworth. Nova York, W. W. Norton & Co., 1949.

FEKETE, John. *John Crowe Ransom, Northrop Frye, and Marshall McLuhan*: A Theoretical Critique of Some Aspects of North American Critical Theory. Tese (PhD), Cambridge, University of Cambridge, 1972.

FELDMAN, Nathaniel E. *Cable Television*: Opportunities and Problems. Santa Monica, Rand, 1970.

FESHBACH, Seymour. *Television and Aggression*: An Experimental Field Study. São Francisco, ProQuest/CSA Journal Division, 1971.

FIELDING, Raymond. *A Technological History of Motion Pictures and Television*: An Anthology from the Pages of the Journal of the Society of Motion Picture & Television Engineers. Berkeley, University of California Press, 1967.

GARNHAM, Nicholas. *Structures of Television*. Londres, British Film Institute, 1973.

GARVEY, Daniel Edward. *Social Control in the Television Newsroom*. Tese (PhD), Stanford, Stanford University, 1971.

GREEN, Timothy. *The Universal Eye*: The World of Television. Nova York, Stein and Day, 1972.

GREENBERG, Bradley S; DERVIN, Brenda. *Use of the Mass Media by the Urban Poor*. Nova York, Praeger, 1970.

GROOMBRIDGE, Brian. *Television and the People*: A Programme for Democratic Participation. Londres, Penguin, 1972.

HALLORAN, James Dermot. *Effects of Mass Communication*. Leicester, Leicester University Press,1964.

_____ (org.). *Effects of Television*. Londres, Panther, 1970.

_____; BROWN, Roger Langham; CHANEY, David C. *Television and Delinquency*. Leicester, Leicester University Press, 1970.

HAZARD, Patrick D. (org.) *TV as Art*: Some Essays in Criticism. Urbana/Nova York, National Council of Teachers of English/Television Information Office, 1966.

HEATH, R. B. *Radio and Television*. Londres, Hamilton, 1969.

HIMMELWEIT, Hilde T.; OPPENHEIM, Abraham Naftali; VINCE, Pamela. *Television and the Child*: An Empirical Study of the Effect of Television on the Young. Oxford, Nuffield Foundation/Oxford University Press, 1958.

HUBBELL, Richard Whittaker. *4000 Years of Television*: The Story of Seeing at a Distance. Nova York, G. P. Putnam's Sons, 1942.

INNIS, Harold Adams. *Empire and Communications*. Oxford, Oxford University Press, 1950.

INSTITUTE OF ELECTRICAL and Electronics Engineers, *International Broadcasting Convention*. Londres, Wembley Conference Centre, 25-29 set. 1970.

JANKY, J. M. *Optimisation in Design of Mass-Production Microwave Receiver Suitable for Direct Reception from Satellites*. Dissertação, Stanford, Stanford University, 1971.

JOHNSON, Leland L. *Cable Television and Question of Protecting Local Broadcasting*. Santa Monica, Rand, 1970.

_____. *The Future of Cable Television*: Some Problems of Federal Regulation. Santa Monica, Rand, 1970.

_____. *Cable TV and Higher Education*. Santa Monica, 1971.

JOHNSON, Nicholas. *How to Talk Back to your TV Set*. Boston, Little, Brown, 1970.

KIRSCHNER, Allen; KIRSCHNER, Linda. *Radio and Television*: Readings in the Mass Media. Nova York, Odyssey, 1971.

KLAVAN, Gene. *Turn that Damned Thing Off*: An Irreverent Look at TV's Impact on the American Scene. Indianapolis, Bobbs-Merrill, 1972.

KUROKI, Seiji. *An Analysis of Modulation Techniques for Wideband FM Television System*. Tese (PhD), Stanford, Stanford University, 1972.

LACKMAN, Ron. *Remember Television?* Nova York, G. P. Putnam's Sons, 1971.

LICHTY, Lawrence Wilson (org.). *World and International Broadcasting*: A Bibliography. Nova York/Ann Arbor, Association for Professional Broadcasting Education/University of Michigan, 1971

MADDOX, Brenda. *Beyond Babel*: New Directions in Communications. New York, Simon & Schuster, 1972.

MAYER, Martin. *About Television*. Nova York, Harper & Row, 1972.

McLUHAN, Marshall. *Understanding Media*: The Extensions of Man. Nova York, McGraw-Hill, 1964.

MICKELSON, Sig. *The Electric Mirror*: Politics in the Age of Television. Nova York, Dodd, Mead and Company, 1972

MITRE CORPORATION. *Symposium on Urban Cable Television*. Washington D. C., Mitre Corporation, 18-20 out. 1972.

MORRIS, Norman S. *Television's Child*. Boston, Little, Brown, 1971.

NATIONAL CITIZENS' Committee for Public Broadcasting. *The State of Public Broadcasting*: A Report to the American People. Nova York, National Citizens' Committee for Public Broadcasting, jul. 1968.

PARK, Rolla E. *Potential Impact of Cable Growth on Television Broadcasting*. Santa Monica, Rand, 1970.

_____. *Cable Television and UHF Broadcasting*. Santa Monica, Rand, 1971.

PARKER, Edwin B. *Assessment and Control of Communication Technology*. Stanford, Stanford University Press, 1972.

PILKINGTON, H. (org.). *Report of the Committee on Broadcasting* (aka *Pilkington Report*). Londres, Her Majesty's Stationery Office, 1962.

168   TELEVISÃO

POSTMASTER-GENERAL to Parliament. *Report of Television Committee*. Londres, His Majesty's Stationery Office, 1935.

RADICAL Software. Nova York, Raindance, 1970-1971.

ROSS, Gordon. *Television Jubilee*: The Story of 25 Years of BBC Television. Londres, W. H. Allen, 1961.

ROTHA, Paul. *Television in the Making*. Londres, Hastings House, 1956.

SCHILLER, Herbert I. *Mass Communications & American Empire*. Nova York, A. M. Kelley, 1970.

SHAPIRO, Peter David. *Networking in Cable Television*: Analysis of Present Practices and Future Alternatives. Stanford, Stanford University Press, 1972.

SHAYON, Robert Lewis. *Open to Criticism*. Boston, Beacon, 1971.

SKOLNIK, Roger *A Bibliography of Selected Publications in Foreign and International Broadcasting*. East Lansing, Michigan State University, 1966.

SKORNIA, Harry Jay. *Television and Society*: An Inquest and Agenda for Improvement. Nova York, McGraw-Hill, 1965.

_____. *Problems and Controversies in Television and Radio*. Org. Jack William Kitson. Palo Alto, Pacific Books, 1968

SMALL, William J. *To Kill a Messenger*: Television News and the Real World. Nova York, Hastings House, 1970.

STAVINS, Ralph L. (org.). *Television Today:* The End of Communication and Death of Community. Washington, Institute for Policy Studies, 1969.

STEINER, Garry Albert. *The People Look at Television*: A Study of Audience Attitudes. Nova York, Bureau of Applied Social Research at the Columbia University, 1963.

SUMMERS, Robert E.; SUMMERS, Harrison Boyd. *Broadcasting and the Public*. Belmont, Wadsworth, 1966.

SURGEON-GENERAL'S Scientific Advisory Committee on Television and Social Behavior. *Television and Growing Up*: The Impact of Televised Violence. Report to the Surgeon General. Washington D. C., National Institute of Mental Health, 1972.

TAGGART, Robert Burdett. *Instructional TV via Satellite*: The Design of a Low-Cost Antenna for Direct Reception. Tese (PhD), Stanford, Stanford University, 1970.

TATE, Charles (org.). *Cable TV in the Cities*: Community Control, Public Access, and Minority Ownership. Nova York, Urban Institute, 1972.

THOMSON, Richard James. *Television Crime-Drama*: Its Impact on Children and Adolescents. Melbourne, Melbourne University Press, 1959.

UNESCO. *World Radio and Television*. Nova York, Unesco, 1965.

_____. *Communications in the Space Age*: The Use of Satellites by the Mass Media. Paris, Unesco, 1968.

WEDELL, E. G. *Broadcasting and Public Policy*. Londres, Joseph, 1968.

_____ (org.). *Structures of Broadcasting*: A Symposium. Manchester, Manchester University Press, 1970.

WEIL, Gordon Lee (org.). *Communicating by Satellite*: An International Discussion. Nova York, Carnegie Endowment for International Peace/Twentieth Century Foundation, 1969.

WELLS, Allan F. *Picture-Tube Imperialism?* The Impact of US Television on Latin America. Nova York, Orbis, 1972.

WILLIAMS, Raymond. *Communications*. Londres, Chatto & Windus, 1966.

WOLF, Frank. *Television Programming for News and Public Affairs*: A Quantitative Analysis of Networks and Stations. Nova York, Praeger, 1972.

WORSLEY, Thomas Cuthbert. *Television*: The Ephemeral Art. Londres, Ross, 1970.

LISTA DE ENTIDADES

British Broadcasting Company (BBC)

European Broadcasting Union (EBU) – União Europeia de Radiodifusão

Federal Communications Comission (FCC) – Comissão Federal de Comunicação

Federal Radio Comission (FRC) – Comissão Federal do Rádio

House of Commons – Câmara dos Comuns

House of Lords – Câmara dos Lordes

Independent Broadcasting Authority (IBA) – Autoridade de Radiodifusão Independente

Independent Television Authority – Autoridade de Televisão Independente

Independent Television Network (ITN) – Rede Independente de Televisão

Interdepartment Radio Advisory Committee (IRAC) – Comitê Consultivo Interdepartamental de Rádio

National Broadcasting Corporation (NBC) – Corporação Nacional de Radiodifusão

National Communications System (NCS) – Sistema Nacional de Comunicações

National Education Television (NET) – Televisão Educativa Nacional

Public Broadcasting Corporation (PBC) – Corporação Pública de Radiodifusão

Public Broadcasting Laboratory (PBL) – Laboratório Público de Radiodifusão

Radio Corporation of America (RCA) – Corporação de Rádio da América

The Open University (OU) – Universidade Aberta da Grã-Bretanha

United States Information Agency (USIA) – Agência de Informação dos Estados Unidos

Posfácio
POR QUE TRADUZIR *TELEVISÃO*

Quarenta e dois anos separam o lançamento original de *Televisão*, em língua inglesa, desta primeira tradução para o português. Isso é de fato pouco compreensível, tendo em vista a centralidade desse meio de comunicação e também o fato de uma das noções desenvolvidas neste livro, a do fenômeno do fluxo televisivo, ser recorrentemente debatida na academia. Além disso, esta é uma das obras mais conhecidas de Raymond Williams, cujo pensamento é bastante caro aos estudos culturais no Brasil. Neste posfácio, discutiremos alguns aspectos que confirmam a importância desta tradução no país.

A televisão, ainda praticamente circunscrita a poucos canais abertos, era o principal meio de comunicação social quando Raymond Williams escreveu este livro. Os estudos sobre ela abordavam, então, com apreensão, aqueles que seriam os efeitos da tecnologia em questões genéricas relacionadas principalmente a sexo, violência e degradação cultural. Curiosamente, no século XVIII, no momento de estabelecimento do romance como forma cultural, as críticas a esse gênero literário apresentavam preocupações semelhantes, o que pode indicar uma reticência histórica da intelligentsia em relação a modos mais populares.

O raciocínio de Williams opera, contudo, uma virada, em que a própria tecnologia pode ser vista como efeito daquilo que é buscado socialmente e configurado por determinantes políticas e econômicas, tais como "a distribuição de poder ou de capital, a herança social e física, as relações de escala e de tamanho entre grupos"[1]. A televisão, como hibridação de tecnologias diversas, resultou, então, de demandas de uma sociedade articulada pela mobilidade e pelo lar privatizado, fortalecido, desde o fim do século XIX, pela relativa melhoria dos salários e pelo estabelecimento de jornadas de trabalho e momentos de folga.

---

[1] Ver, neste volume, p. 139.

174 TELEVISÃO

As forças que atuaram sobre o sistema de radiodifusão foram moldadas por interesses políticos, como a necessidade de comunicação nacional, e econômicos, que, inicialmente, atendiam aos fabricantes de aparelhos domésticos.

Essa formação complexa da televisão, assim como de outras tecnologias de comunicação, essenciais, hoje, na mediação do cotidiano, permite-nos compreender como a reivindicação para uma comunicação mais verdadeiramente comunitária deve envolver diversos âmbitos, diversas frentes de combate. Ciente das determinações (sempre como pressões, não como formas absolutas de controle), Williams ressalta, entretanto, que a televisão ancora-se em uma lógica intrincada de escolhas e que seus usos e suas apropriações, por parte de determinados grupos sociais, nem sempre se dão como previstos. Assim, ainda que constrangidos, os projetos de televisão encontram-se abertos.

Uma justificativa para a tradução desta obra, hoje, no contexto brasileiro, é, portanto, a de recuperação de um projeto crítico como contribuição para pensar as relações contemporâneas entre nossa sociedade e sua mídia dominante, que, para dizer o mínimo, possui noções bem particulares de interesse público e de democracia. Neste país, na ausência de uma TV pública forte, articularam-se ideias, mídia e classes dominantes em uma amálgama difícil de desfazer. Qualquer proposta de regulação é veementemente combatida por meio de uma argumentação que, como demonstra Williams, já na década de 1970, utiliza um vocabulário de "relações públicas", como na "retórica geral de defesa do capitalismo", em que a radiodifusão comercial não se reconhece como tal, mas como "'livre' e 'independente' e muitas vezes afirma se contrapor a 'monopólio' e 'controle do Estado'"[2].

O sistema a cabo, em que Williams depositava certa confiança para prestação de serviços à comunidade, foi, no Brasil, dominado pelos mesmos grupos da TV aberta. Nos pacotes mais acessíveis dessa TV por assinatura e também naquela sob demanda, nas redes, predomina ainda, estrategicamente, a TV estado-unidense, a que Williams chama de forma mais precisa, neste estudo, de "paranacional". Esta é, hoje, bastante sofisticada, principalmente pelas séries de ficção, que, à diferença dos "enlatados" das décadas de 1980 e 1990, são em geral reconhecidas pela crítica. Ainda assim, elas não deixam de virar seu espelho deformador para a América Latina (ver, por exemplo, o Rio de Janeiro

---

[2] Ver, neste volume, p. 48.

em *Zoo*[3], os estereótipos das mulheres latinas em *Orange Is The New Black*[4] ou mesmo o modo como somos afeitos à corrupção em *Narcos*[5]). Trata-se de entretenimento, claro, mas todo entretenimento, como assinala Richard Dyer[6], carrega pressupostos acerca do mundo e, ainda que sustente que seu objetivo principal é a diversão, não está isento de incorrer em preconceitos. Trata-se também e fundamentalmente de controle das indústrias culturais, que implica, sempre, determinados esquemas de representação que, por meio de narrativas factuais e ficcionais, atuam sobre o modo como nos vemos e nos relacionamos uns com os outros na vida prática. *Televisão* atenta-nos sobre a necessidade de desafiarmos essas mediações.

O aspecto mais debatido neste livro, como dissemos, é o fenômeno do fluxo, descrição do emaranhado das sequências televisivas que, na década de 1970, antes da possibilidade e da rotina do zapear, conduzia o espectador por uma noite de televisão, em que as formas do entretenimento, do jornalismo e da publicidade informavam-se mutuamente. No entanto, bem mais que a descrição da lógica interna televisiva, o fluxo apontava, segundo Williams, para um desafio crítico, pois a forma cultural da televisão demandava a análise de um tipo de experiência social fusional. Os eventos que antes se apresentavam em separado, sob determinada ordenação (o jornal, a sala de aula, o teatro, o debate público etc.), foram recontextualizados em uma única mídia, que estabelece relações e continuidades entre eles. São assistidos e comentados principalmente no ambiente doméstico, com reverberações em outras interações sociais. Para Williams, essa condensação e essa combinação, ativadas já com o rádio, representavam uma tendência geral das comunicações públicas que deveria ser compreendida dentro de uma experiência social mais ampla (mais uma vez, em face das hibridações e das interações midiáticas que vemos hoje nas redes digitais, ele estava certo).

---

[3]   Série estado-unidense cuja primeira temporada, com treze episódios, foi exibida originalmente em 2015, pela CBS.

[4]   Produzida nos Estados Unidos e veiculada, em serviço de *streaming*, pela Netflix, *Orange Is The New Black* estreou em 2013, em temporada com treze episódios.

[5]   *Narcos* é uma série estado-unidense, do Netflix. A primeira temporada, com dez episódios, foi exibida em 2015 e protagonizada pelo ator brasileiro Wagner Moura, no papel do narcotraficante colombiano Pablo Escobar. Entre os diretores está o brasileiro José Padilha (*Tropa de elite* e *Tropa de elite 2*).

[6]   Richard Dyer, *Only Entertainment* (2. ed., Londres/Nova York, Routledge, 2002).

No meio cultural brasileiro, preferiu-se realizar a crítica de TV, tanto acadêmica como jornalística, tendo por objeto programas, geralmente com a justificativa de separar o joio do trigo e poder, assim, aferir melhor a qualidade dos produtos midiáticos e ressaltar os pontos altos da programação, principalmente por meio de análise estética. Como Williams havia argumentado, esse procedimento leva a vantagem de contar com métodos descritivos e analíticos já desenvolvidos para outras formas culturais, como o cinema e o teatro, por exemplo. Pode-se alegar, ainda e com razão, que a televisão de hoje não é aquela da década de 1970 e que, com a pluralização das telas, ela se tornou onipresente, sendo distribuída e assistida em muitas outras plataformas e lugares. Ela dissipou-se, logo, faria ainda mais sentido analisar suas unidades, os programas.

É preciso considerar, porém, que a televisão é também ainda, em grande parte, aquela que conhecemos no século XX, notadamente no Brasil, em que, segundo pesquisa[7], 97% dos domicílios particulares permanentes possuem pelo menos um aparelho de televisão. De acordo com essa mesma pesquisa, conquanto o crescimento exponencial da internet na última década, 95% dos entrevistados afirmaram ver TV – 73%, diariamente. O brasileiro passa, em média, mais de quatro horas por dia em frente à TV. Muitas vezes, como aponta Williams, dizemos ainda que "assistimos à TV", não a um programa específico, e nos referimos com elogio ou repúdio a uma rede de TV como um todo – e não somente a um programa jornalístico específico –, como se reconhecêssemos que determinada tonalidade a atravessa, conformando uma dicção mais ou menos homogênea, que acaba por se sobrepor a qualquer contraponto que alguns programas, dentro dessa própria rede, possam oferecer. Assim, o modo como Williams analisa os canais a partir da noção de fluxo pode ser bastante útil para pensarmos metodologias, hoje, para a apreensão desse *éthos* de uma emissora, com a consciência, claro, de que as "sequências" se desdobram hoje de modo ainda mais complexo nas redes digitais, em narrativas transmídias. Isso não significa que devemos abandonar por completo a análise dos programas televisivos, mas podemos compreendê-los num conjunto de interações

---

[7] Brasil, Presidência da República, Secretaria de Comunicação Social da Presidência da República, *Pesquisa brasileira de mídia 2015: hábitos de consumo de mídia pela população brasileira* (Brasília, Secom, 2014). Disponível em: <www.secom.gov.br/atuacao/pesquisa/lista-de-pesquisas-quantitativas-e-qualitativas-de-contratos-atuais/pesquisa-brasileira-de-midia-pbm-2015.pdf>. Acesso em: 8 jun. 2016.

mais complexas, que envolve a relação com outros programas, unidades ou segmentos televisuais, as intencionalidades da própria mediação e as situações de decodificação.

A recuperação que William faz, no Capítulo 3, das matrizes que compuseram as formas televisivas é também outro aspecto importante para o entendimento do modo como essa mídia se desenvolveu. A televisão foi uma tecnologia em que o interesse e o investimento técnicos em um sistema para transmissão e recepção precederam a atenção dada ao conteúdo. De início, ela era parasitária, isto é, transmitia um evento que já estava acontecendo ou que aconteceria independentemente dela; quando o conteúdo próprio passou a ser planejado, os programas vieram, inicialmente, da combinação e da mistura de formas culturais herdadas, algumas delas já reelaboradas pelo rádio, que também ofereceu elementos à TV. O meio engendrou "formas novas e mistas", entre elas o "drama-documentário", alguns educativos, e os chamados especiais de TV, vistos, neste livro, como gêneros promissores. No diálogo entre formas, o autor ressalta a contribuição do meio para, nos canais britânicos e estado-unidenses analisados por ele, ampliar o debate público, o que indicava, apesar de algumas restrições, uma potência do televisivo que cabe a nós, hoje, em nosso contexto, tentar avivar. A parte sobre o drama é especialmente notável pelo modo fluente como Williams percorre do teatro às séries televisivas e evidencia um aspecto importante, talvez até hoje pouco considerado: o fato de o drama, a ficção, ter-se tornado, por meio da televisão, "parte intrínseca da vida cotidiana". A partir dessa questão, devemos pensar, por exemplo, no modo como a telenovela enredou-se socialmente no Brasil e em abordagens para compreendê-la como fenômeno comunicativo.

Por fim, como se vê nesta edição, os textos de apresentação de *Televisão*, assim como seu capítulo final, frisam frequentemente o caráter de *contribuição* da obra. "Contribuir" implica, na raiz do termo, tanto reunir partes de algo comum quanto o ato de oferecer a nossa parte. Fundamentada nesses dois sentidos, esta tradução destina-se ao debate crítico sobre os meios de comunicação no Brasil.

Marcio Serelle, Mario Viggiano e Ercio Sena
Março de 2016

SOBRE O AUTOR

Raymond Williams (1921-1988) nasceu no País de Gales e foi um teórico, crítico e historiador da cultura. Seu pensamento interventor e propositivo destacou--se na Nova Esquerda (*New Left*) britânica do século XX. Filho de ferroviário atuante no movimento sindical, Williams conviveu, desde cedo, com o ideário do Partido Trabalhista, e o cotidiano da infância contribuiu para sua percepção ampla e complexa da cultura como modo geral de vida, não como algo especializado. Formou-se em letras em Cambridge em 1946. Retornaria a essa mesma universidade para lecionar disciplinas sobre o teatro (*drama*) entre 1974 e 1983. Na carreira acadêmica, entre outras atividades, foi professor visitante de ciências políticas, em Stanford, Califórnia, em 1973, ano em que escreveu *Televisão* (publicado em 1974). Atuou na educação para adultos, projeto que resultou, segundo ele, nos estudos culturais e em sua perspectiva de interpretação de formas diversas (literárias, cinematográficas, televisivas etc.) por meio da investigação de processos sociais, políticos e econômicos.

Publicou, entre muitas outras obras, *Cultura e sociedade* (1958), *Communications* (1962), *The Long Revolution* (1961), *Palavras-chave: um vocabulário de cultura e sociedade* (1975) e *Marxismo e literatura* (1977). Escreveu tanto sobre a chamada cultura erudita como sobre a popular e a popular massiva, relacionada aos meios de comunicação. Williams também colaborou regularmente com a televisão, mídia em que, como demonstra este volume, enxergava potencialidades para a educação. Escreveu críticas para o programa *The Listener*, da BBC, reunidas e publicadas no volume *Raymond Williams on Television* (1989), e participou da produção de documentários, filmes e programas educativos. Foi também ficcionista, autor de peças de teatro e de romances, entre os quais *O povo das Montanhas Negras*, que possui tradução no Brasil.

APÊNDICE

BIBLIOGRAFIA SELECIONADA DE RAYMOND WILLIAMS

Estudos teóricos e críticos

Reading and Criticism. Londres, Muller, 1950.

Drama from Ibsen to Eliot. Ed. rev. Londres, Chatto & Windus, 1952.

Drama in Performance. Londres, C. A.Watts, 1954.

Culture and Society, 1780-1950. Londres, Chatto & Windus, 1958.

The Long Revolution. Londres, Penguin, 1961.

Communications. Londres, Penguin, 1962.

Modern Tragedy. Londres, Chatto & Windus, 1966.

Drama from Ibsen to Brecht. Londres, Chatto & Windus, 1968.

The English Novel from Dickens to Lawrence. Londres, Chatto & Windus, 1970.

Orwell. Londres, Fontana, 1971.

The Country and the City. Londres, Chatto & Windus, 1973.

Television: Technology and Cultural Form. Londres, Collins, 1974.

Keywords: A Vocabulary of Culture and Society. Londres, Fontana, 1976.

Problems in Materialism and Culture: Selected Essays. Londres, Verso, 1980.

Culture. Londres, Chatto & Windus, 1983.

Cobbett. Oxford/Nova York, Oxford University Press, 1983.

Towards 2000. Londres, Chatto & Windus, 1983.

Marxism and Literature. Londres/Nova York, Oxford, 1984.

Writing in Society. Londres, Verso, 1984.

The Politics of Modernism: Against the New Conformists. Londres/Nova York, Verso, 1989.

Raymond Williams on Television: Selected Writings. Org. A. O'Connor. Londres, Routledge, 1989.

Resources of Hope: Culture, Democracy, Socialism. Org. Robin Gable. Londres/Nova York, Verso, 1989.

What I Came to Say. Org. Francis Mulhern. Londres, Hutchinson-Radius, 1989.

Obras em coautoria

Preface to Film, com Michael Orram. Londres, Film Drama, 1954.

May Day Manifesto, com Stuart Hall e Edward Thompson. Londres, Penguin, 1968.

Entrevista

Politics and Letters: Interviews with *New Left Review*. Londres/Nova York, New Left Books, 1979.

Obras de ficção

Border Country. Londres, Chatto & Windus, 1960.

Second Generation. Londres, Chatto & Windus, 1964.

The Volunteers. Londres, Eye Methuen, 1978.

The Fight for Manod. Londres, Chatto & Windus, 1979.

Loyalties. Londres, Chatto & Windus, 1985.

People of the Black Moutains. Londres, Chatto & Windus, 1989.

Obras traduzidas no Brasil

Cultura e sociedade: 1780-1950. Trad. Leônidas H. B. Hegenberg. São Paulo, Editora Nacional, 1969.

Marxismo e literatura. Trad. Waltensir Dutra. Rio de Janeiro, Zahar, 1979.

O povo das Montanhas Negras. Trad. Sérgio Flaksman. São Paulo, Companhia das Letras, 1991.

Cultura. Trad. Lólio L. Oliveira. Rio de Janeiro, Paz e Terra, 1992.

Tragédia moderna. Trad. Betina Bischof. Cosac Naify, São Paulo, 2002.

Palavras-chave: um vocabulário de cultura e sociedade. Trad. Sandra Guardini Vasconcelos. São Paulo, Boitempo, 2007.

Drama em cena. Trad. Rogério Bettoni. São Paulo, Cosac Naify, 2010.

O campo e a cidade: na história e na literatura. Trad. Paulo Henriques Britto. São Paulo, Companhia das Letras, 2011.

Cultura e materialismo. Trad. André Glaser. São Paulo, Editora Unesp, 2011.

Política do modernismo: contra os novos conformistas. Trad. André Glaser. São Paulo, Editora Unesp, 2011.

A política e as letras: entrevistas da *New Left Review*. Trad. André Glaser. São Paulo, Editora Unesp, 2013.

A produção social da escrita. Trad. André Glaser. São Paulo, Editora Unesp, 2014.

Recursos da esperança: cultura, democracia, socialismo. Trad. Nair Fonseca e João Alexandre Peschanski. São Paulo, Editora Unesp, 2015.

TELEVISÃO, FORTUNA CRÍTICA SELECIONADA

ALTMAN, Rick. Television/Sound. In: MODLESKI, Tania. *Studies in Entertainment*: Critical Approaches to Mass Culture. Bloomington, Indiana University Press, 1986. p. 39-54.

CORNER, John. *Critical Ideas in Television Studies*. Londres, Clarendon, 1999.

DIENST, Richard. *Still Life in Real Time*: Theory after Television. Durham, Duke University Press, 1994.

ELLIS, J. *Visible Fictions*: Cinema, Television, Video. Londres, Routledge and Kegan Paul, 1982.

FEUER, Jane. The Concept of Live Television: Ontology as Ideology. In: KAPLAN, E. Ann. *Regarding Television*. Los Angeles, American Film Institute, 1983. p. 12-22.

FISKE, John. *Television Culture*. Londres, Methuen, 1987.

GRISPRUD, Jostein. Television, Broadcasting, Flow: Key Metaphors in TV Theory. In: GERAGHTY, Christine; LUSTED, David. *The Television Studies Book*. Londres, Arnold, 1998. p. 17-32.

HARTLEY, John. *Teleology*: Studies in Television. Londres, Routledge, 1992.

JENSEN, Klaus Bruhn. *The Social Semiotics of Mass Communication*. Londres, Sage, 1995.

MACHADO, Arlindo; VÉLEZ, Marta Lúcia. Questões metodológicas relacionadas com a televisão. *E-compós*: Revista da Associação Nacional dos Programas de Pós-graduação em Comunicação, n. 8, abr. 2007.

MEDUNI, Enrico. Introduzione. In: Williams, Raymond. *Televisione*: tecnologia e forma culturale. E altri scritti sulla tv. Org. Enrico Menduni. Roma, Editori Riuniti, 2000. p. 7-24.

MUANIS, Felipe. MTV Brasil e o ocaso do fluxo. *Revista Novos Olhares*. São Paulo, USP, n. 3, v. 2, 2014. p. 59-69.

PIEDRAS, Elisa Reinhardt; JACKS, Nilda. A contribuição dos estudos culturais para a abordagem da publicidade: processos e comunicação persuasiva e as noções "articulação" e "fluxo". *E-compós*: Revista da Associação Nacional dos Programas de Pós-Graduação em Comunicação, n. 6, ago. 2006.

SILVERSTONE, Roger. *Television And Everyday Life*. Londres/Nova York, Routledge, 1994.

TURNER, Graeme. *British Cultural Studies*. Londres/Nova York, Routledge, 2003.

URICCHIO, William. Television's Next Generation: Technology/Interface Culture/Flow. In: SPIEGEL, Lynn; OLSSON, Jan (orgs.). *Television after TV*: Essays on a Medium in Transition. Durhan/Londres, Duke University Press, 2004.

SOBRE RAYMOND WILLIAMS

CEVASCO, Maria Elisa. *Para ler Raymond Williams*. São Paulo, Paz e Terra, 2001.

EAGLETON, Terry (org.). *Raymond Williams*: Critical Perspectives. Boston, Northeastern University Press, 1989.

ETHRIDGE, J. E. T. *Raymond Williams*: Making Connections. Nova York, Routledge, 1994.

GORAK, Jan. *The Alien Mind of Raymond Williams*. Columbia (MO), University of Missouri Press, 1988.

HEATH, Stephen; SKIRROW, Gilliam. An Interview with Raymond Williams. In: MODLESKI, Tania (org.). *Studies in Entertainment*: Critical Approaches to Massa Culture. Wisconsin, Indiana University Press, 1986. p. 3-17.

HIGGINS, John. *Raymond Williams*: Literature, Marxism, And Cultural Materialism. Londres/ Nova York, Routledge, 1999.

INGLIS, Fred. *Raymond Williams*. Nova York, Routledge, 1995.

O'CONNOR, Alan. *Raymond Williams*: Writing, Culture, Politics. Oxford/Nova York, Blackwell, 1989.

PINKNEY, Tony (org.). *Raymond Williams*. Bridgen, Seren Books, 1992.

STEVENSON, Nick. *Culture, Ideology, And Socialism*: Raymond Williams and E. P. Thompson. Aldershot, Avebury, 1995.

ÍNDICE REMISSIVO

A

Advocates, The (programa de televisão), 62

Agência de Informação dos Estados Unidos
a radiodifusão estrangeira, 51-2

Agnew, Spiro T., 112, 124

Alemanha, 38, 67
uso da radiodifusão pelo nazismo, 36-7

All in the Family (programa de televisão), 77

American Broadcasting Corporation (ABC)
estudo de distribuição dos programas,
89-96

An American Family (programa de televisão),
82-4

automóvel, 26

Autoridade de Televisão Independente
desafio ao serviço público da BBC, 47

B

Bain, Alexander, 30

Baird, John Logie, 31, 37

Bell, Alexander Graham, 31

Bergman, Ingmar
The Lie, 67
The Silence, 108

Berzelius, Johan J., 30

bibliotecas e vídeos, 157,160

Blakewell, Frederick, 30

Blumler, Jay G., 133

Braun, Ferdinand, 30

British Broadcasting Corporation (BBC)
apresentadores (leitores de notícias), 57-
-8, 60
autoridade dos repórteres, 58
desafiada pela rival comercial, 47
estabelecimento, 43-4
estudo da distribuição dos programas,
89-96
sistema de licença, 42, 153

Buckley, William F., 62

C

*Cable Communications in the Dayton Miami
Valley* (Leland Johnson), 153

Campbell Swinton, A. A., 30

capitalismo
e controle dos radiodifusores, 48-50, 159-
-63

Carey, George, 30

Caselli, Giovanni, 30

Cathy Come Home (Sandford), 69, 82

Chayefsky, Paddy, 68

ciência cultural
conceitos centrais, 130
discussão sobre causa e efeito, 129-31
metodologia, 129-1

cinema, *ver* filmes

classe
decisão, 44-5
objetivos da programação, 108-9
vozes de transmissão, 57

comédia
ver também comunicação nos programas de variedades
sequências rápidas, 86

Comissão Federal de Comunicação (FCC), 46, 159

Comitê Consultivo Interdepartamental de Rádio, 50

comunicação
o conteúdo segue as instalações, 37-8
o determinismo tecnológico de McLuhan, 136-8
massa, 35-7
operacional, 32-3
sistemas interativos, 148-51
violência e socialização, 131-4

Coronation Street (programa de televisão), 71

Corporação de Rádio da América (RCA), 37, 50-1

Corporação Nacional de Radiodifusão (NBC), 51

Corporação Pública de Radiodifusão, 47

Correios (Reino Unido), 43, 159

D

Daguerre, Louis, 29

The Dating Game (programa de televisão), 81

Davy, Humphry, 29

Departamento de Defesa (Estados Unidos), 55-6

determinismo tecnológico
definição, 26
e história, 138-9
McLuhan e, 136-8
e mudança social, 26-8
e televisão, 139-43

dispositivos reativos e interativos, 153

documentários
drama, 82-4

drama, 39
-documentários, 82-4

estudo da distribuição de programas, 91, 93, 94-6
frequência ao cinema, 64
no fluxo planejado, 97
possibilidades tecnológicas, 66-8
rádio, 66-7
sequência e fluxo, 108-9
seriados e séries, 69-71
tipos, 95-6

Dreamplay (August Strindberg), 67

Dubcek, Alexander, 61

E

Edison, Thomas A., 30

educação: treinamento social e alfabetização, 140-1

Effects of Television, The (James Halloran), 132

Electric Company, The (programa de televisão), 86, 91, 108

eletricidade, tecnologia de, 28-9

Eliot, T. S.
Murder in the Cathedral, 66

Elster, Julius, 30

energia nuclear, 26

esporte
efeito da televisão, 77-8

Estados-nações
autoridade sobre a radiodifusão, 43-4
controle da informação, 48-50
modelo americano de radiodifusão, 50-2

Estados Unidos, 38
análise do fluxo das notícias, 109-5, 121-5
controles da radiodifusão, 45-6
debate e discussão, 60-3
distribuição da cultura, 141-2
interrupções da publicidade planejada, 100-1
como modelo na radiodifusão, 50-2
programas de notícias, 55-6, 59-60
publicidade, 78-80
qualidade da imagem, 72-3

serviço público de radiodifusão, 46-8
televisão por satélite, 154-5
televisão pública, 159-60

F

Family at War, A (programa de televisão), 71

Faraday, Michael, 28

filmes, 27
    cai a frequência ao cinema, 68, 70
    estudo da distribuição de programas, 92-6
    evolução técnica, 29-30
    intervalos, 100-2
    na televisão, 72-4
    tecnologia superior, 40-1

Firing Line (programa de televisão), 62

formas de televisão, 55
    debate e discussão, 60-5, 84-5
    drama, 66-71
    drama-documentários, 82-4
    educação, 65-6, 84
    esportes, 77-8
    filmes, 72-4; jogos e passatempos, 81
    mudanças e inovações, 82
    notícias, 55-60
    programas de reportagem, 85
    programas de variedades, 74-7
    publicidade, 78-80
    sequências rápidas, 86

formalismo
    McLuhan e, 136

fotografia, 27, 29
    necessidade social de, 34-5

França, 38, 45

Friese-Greene, William, 30

G

Geitel, Hans Fredrich, 30

Goebbels, Joseph, 36

Grã-Bretanha, 38
    análise de fluxo das notícias, 114-21
    autoridade sobre a radiodifusão, 43-5

debate e discussão, 60-1
interrupção de programas, 100-3
natureza da classe dominante, 45-6
programas de notícias, 55-6, 59-60
responsabilidade pública, 141-2
sistema de licenciamento, 153
televisão a cabo e por satélite, 147-50
televisão comercial, 52-3
televisão e política, 134-5

H

Hall, Sam, 75

Halloran, James
    The Effects of Television, 132

Hancock, Tony, 75

história
    e o determinismo tecnológico, 136-9

Hopkins, John
    Talking to a Stranger, 68

I

Ibsen, Henrik, 39

imagens em movimento, *ver* filme

imagens visuais
    beleza da televisão, 86-7
    programas de notícias, 58-60
    qualidade da imagem, 72-3

imprensa
    necessidade social, 33-5

In Two Minds (David Mercer), 68

Independent Television Network (ITN)
    leitores de notícias, 57-8

indústria
    e nações capitalistas, 38-9
    usos da eletricidade, 28

internacionalismo, 154
    da cultura americana, 141-2
    radiodifusão comercial, 159-63
    televisão por satélite, 154-6

Itália, 45, 49

J

Jenkins, C. F., 31

Johnson, Leland
 Cable Communications in the Dayton
 Miami, 153

Jornalismo
 necessidade social, 33-5
 notícias de televisão, 55-60

K

KQED, São Francisco
 estudo da distribuição dos programas,
 89-96

L

Lasswell, Harold D., 130

Laugh-In (programa de televisão), 86

The Lie (Igmar Bergman), 67

M

MacNeice, Louis, 66

Man Alive (programa de televisão), 62

máquinas a vapor 26, 28

Marconi (companhia), 43

Marey, Etienne, 30

Marty (Paddy Chayefsky), 68

marxismo, 139

Mason, William F.
 Urban Cable Systems, 153

massas
 definição, 36

McLuhan, Marshall
 determinismo tecnológico, 136-8

Mercer, David
 In Two Minds, 68

Midweek (programa de televisão), 62

militar
 necessidade de tecnologia, 32-3

Moyers, Bill, 62

Murder in the Cathedral (T. S. Eliot), 66

N

The Newcomers (programa de televisão), 71

Niepce, Joseph, 29

Nigel Barton (peças), 68

Nipkow, Paul, 30

Nixon, Richard, 46, 124

O

O'Casey, Sean
 The Silver Tassie, 66

Open Door (programa de televisão), 64

P

Panorama (programa de televisão), 62

participação
 televisão interativa, 148-51, 155
 music halls e variedades, 74-5

Playschool (programa de televisão), 91

política
 autoridade sobre novos usos, 159-63
 democracia participativa, 162
 efeito da televisão na, 133-5
 fascismo, 36-7, 44
 necessidade de comunicação, 34-5
 programas de debate e discussão, 60-5
 televisão internacional, 155-6
 uso nazista da radiodifusão, 36-7

Potter, Denis
 Nigel Barton (peças), 68

Programação
 análise do fluxo da BBC, 115-21
 análise do fluxo das notícias americanas,
 109-15, 121-7
 análise extensa, 106-9
 caleidoscópio, 97-8
 competição de canal, 103
 fluxo planejado, 96-104
 intervalos e interrupções, 100-2, 104
 significado de "fluxo", 89

Índice remissivo

programas de arte, 90, 92, 94-6

programas de debate e discussão, 60-5, 84-5
efeito sobre o comportamento político, 134-5
estudo da distribuição, 90, 92, 94-6

programas de jogos e passatempos, 81
estudo de distribuição, 91, 93, 94-6

programas de música
estudo de distribuição, 90, 92, 94-6

programas de notícias
análise do fluxo americano, 109-15, 121-7
análise do fluxo da BBC, 115-21
apresentação, 57-8
estudo da distribuição, 89-90, 92, 94-6
formas anteriores, 55-6
sequência e prioridades, 56-7
visualização, 59-60

programas de serviço público, 45-7, 159

programas de variedades, 74-7
estudo de distribuição, 91-6

programas educativos
estudo de distribuição, 89-91, 92, 94-6
formas de, 65-6
sistemas interativos, 151
pela visão, 84

programas infantis, 90-1, 93, 94-6

programas religiosos
estudo de distribuição, 92, 93, 94-6

privatização móvel
radiodifusão, 37-40

publicidade
análise da sequência das notícias, 109-15, 121-7
autopublicidade de canal (publicidade interna), 92, 93, 94-6
estudo de distribuição, 92, 93, 94-6
formas, 78-80
intervalos e interrupções, 100-3
ver também radiodifusão: comercial

Q

questões financeiras
controle dos radiodifusores, 48-50

esporte na televisão, 77-8
jogos e passatempos, 81
publicidade, 78-80
radiodifusão comercial, 45-7, 50-2
serviço público, 47-8
sistema de licenciamento, 42

R

rádio, 28
drama, 71
radiodifusão geral, 35, 39-41
desenvolvimento técnico, 31

radiodifusão
autoridade sobre, 43-6, 158-63
comercial, 159, 45-7, 78-80
como comunicação de massa, 35-7
o conteúdo segue as instalações, 37-8
efeito das novas tecnologias, 145-51
licenciamento, 41-2, 153
liderada pelo modelo americano, 50-2
privatização móvel, 37-9
rádio, 39-40
segunda fase da, 32-3
serviço público, 46-9, 159-60
supera problemas técnicos, 40-1
uso político, 36-7
transmissão por satélite, 53

The Reasoner Report (programa de televisão), 62

The Riordans (programa de televisão), 71

Rose, Reginald, 68
Twelve Angry Men, 67

Rosing, Boris, 30

S

Sandford, Jeremy
Cathy Come Home, 69

Schiller, Herbert I., 50

Sesame Street (programa de televisão), 86, 91

sexo, 129

The Silver Tassie (Sean O'Casey), 66

Sixty Minutes (programa de televisão), 62

socialização, 129-31
    através da alfabetização, 140-1
    através da televisão, 140-3
    violência e, 131-3
sociedade
    determinismo tecnológico, 26-8
    necessidade para a comunicação, 32-5
    normas, 131
sociedades comunistas
    controle da informação, 49
    instituições de radiodifusão, 44-6
sociologia, *ver* ciência cultural
Steptoe and Son (programa de televisão), 76
Strindberg, August
    Dreamplay, 67

T

Talking to a Stranger (John Hopkins), 68
Tchecoslováquia, 61
Tchekhov, Anton P., 39
tecnologia
    causas e efeitos, 23-8
    contexto histórico, 138-40
    desenvolvimento de, 28-32
    o meio como causa, 136-8
    necessidade social, 32-5, 37-8
tecnologia das comunicações
    desenvolvimentos contínuos, 145-51
    necessidade de, 32-3 (*ver também* televisão)
telegrafia, 28-9, 38
televisão
    beleza visual, 86-7
    cabo e satélite, 147-50, 152-6, 157-8
    causas e efeitos, 24-6, 129, 130-2, 135
    cores, 23
    efeito no comportamento político, 133-4
    evolução técnica, 26-32, 145-51
    gravadores de videocassete, 150, 156-8
    intenções de uso, 139-40
    interativa, 150-1, 158
    recepção e transmissão, 146-50, 152-6
    e socialização, 140-3

    tamanho da imagem e qualidade, 72-4, 152
    tecnologia inferior, 40-1
    transmissão e recepção, 41
    usos alternativos, 158-63
    e violência, 131-3
Televisão Educativa Nacional, 47
televisão irlandesa, 71
teoria estética
    McLuhan e, 136
This Week (programa de televisão), 62
Thomas, Dylan
    Under Milk Wood, 66
Till Death Us Do Part (programa de televisão), 76-7
Twelve Angry Men (Rose), 67
Twenty-Four Hours (programa de televisão), 62

U

Under Milk Wood (Dylan Thomas), 66
União Europeia de Radiodifusão, 155
União Soviética, 154-5
Universidade Aberta da Grã-Bretanha, 65
Urban Cable Systems (William F. Mason), 153

V

violência, 129
    efeitos da televisão, 132-3
Volta, Alessandro, 28.

W

Wedgwood, Josiah, 29
Wednesday Play (programa de televisão), 68
World in Action (programa de televisão), 62

Z

Zworykin,Vladmir, 31

Jogos Olímpicos de Verão, Berlim, 1936.

Publicado em agosto de 2016, oitenta anos após os Jogos da XI Olimpíada, em Berlim, em pleno governo nazista, uma das primeiras grandes transmissões televisivas, e enquanto se realizam os Jogos da XXXI Olimpíada, no Rio de Janeiro, este livro foi composto em Minion Pro, corpo 11/15,4, e impresso em papel Avena 80 g/m², pela Intergraf, para a Boitempo e a Editora PUC Minas, com tiragem de 3 mil exemplares.